O'R
CYSGODION

I Siôn, Gruff, Swyn a Tirion. xx

O'R
CYSGODION

Heiddwen Tomos

Diolch i'm teulu, i Meinir, Huw a'r Lolfa am eu cefnogaeth.

Rwy'n ei werthfawrogi'n fawr.

Diolch hefyd i Sion Ilar am gynllunio'r clawr.

Argraffiad cyntaf: 2020

Dymuna'r cyhoeddwyr gydnabod cymorth ariannol
Cyngor Llyfrau Cymru

Cynllun y clawr: Sion Ilar

Rhif Llyfr Rhyngwladol: 978 1 78461 850 6

Cyhoeddwyd, rhwymwyd ac argraffwyd yng Nghymru gan
Y Lolfa Cyf., Talybont, Ceredigion SY24 5HE
gwefan www.ylolfa.com
e-bost ylolfa@ylolfa.com
ffôn 01970 832 304
ffacs 832 782

CYNNWYS

1. GOFAL

I AIN'T GOT NOTHIN' TO lose, 'ave I?

A 'na pam fi'n sefyll fan hyn yn disgwyl iddi dynnu ei dillad. I'm a carer, that's right, new to this area. Ond mi roedd hi'n fy nisgwyl i. Felly doedd dod drwy'r drws ac i mewn i'w chartre bach hi ddim wir yn galed, oedd e?

'Come on now, bach, rhaid ti ga'l shower,' wedes i.

Mae sêt gyda hi yn cawod hi. Standard, siŵr o fod. Fel'na ma nhw, bobol hen. Rhy stiff i sefyll.

Mae hi'n gallu sefyll, a dyna pam ddes i 'ma, chi'n gweld. Ges i brawd fi i fenthyg hwn off ei wejen. Ma hi'n carer, go iawn, so ie, o'dd e'n rhwydd wedyn. Tag hi a llun a chwbwl. Ni'n edrych yn rili wahanol, ond os yw llyged chi'n hen, so chi'n sylwi ar bethe fel'na, y'ch chi?

Mae wedi agor ei blowsen a fi'n watsio. Fest wedyn. Un fach denau, y teip sydd wedi colli ei lliw, bach yn grey. Fi'n helpu ddi i ga'l e dros ei phen achos bod ei breichiau hi'n stiff uffernol. Mae ei chroen hi'n... wel, slac, ie slac, ac un dydd, byddwn ni i gyd fel'na. Ond hel, heddi, fi ond yn 15 ac mae hi god knows yn 85, 86, 87 even. 'Na beth ma fe'n dweud ar y cards ar y cwpwrdd yn rŵm ffrynt.

'Ma ise golchi, ie, quick shower and you're as good as gold.'

Mae raid i fi dynnu'r underwear iddi. Doesn't bother me really. Fi'n rhoi'r dŵr ar medium heat. Fi'n siarad yn uchel. Llais mowr. Bach yn benderfynol, fel bod hi'n deall bo' fi ar hast a bod ise iddi fynd mewn i'r shower glou. Fi'n gweud wrthi bydda i'n mynd i neud cuppa tea iddi tra bydd hi mewn 'na. Yn y shower sydd ar medium heat.

'Immersion heater wedi bod arno for a while, love?'

Mae'n nodio, mae'n falch bod hi wedi cofio. Sai'n credu bod hi'n cofio lot in general. Walle bo' fi'n rong.

'Gwd gyrl!' fi'n gweiddi wedyn. Od galw rhywun hen yn gwd gyrl, a finne'n gwbod bo' fi ond yn teenager a hithe'n blydi hen.

Mae'n drwm ei chlyw – posh way o weud 'deaf as

a bat'. Mae'n remindo fi o'r boi 'ma o'dd yn ysgol, blynydde'n ôl, deaf. Hyd yn oed y cooks ffili deall e. Ond o'n i yn. O'n i'n lico fe. Good-looking boy. Jyst o'dd neb arall yn gweld e fel'na. Galluog 'fyd. Hales i lot o amser gyda fe, yn yr Hafan. O'dd e jyst yn gwrando. Gwrando ar beth fi'n gweud. 'Sneb wedi neud 'na ifi ers blynydde. Deaf Boris. Bachan neis.

O'n i ddim yn meddwl bydden i'n lando in this line of work, ond times are hard. 'Times is hard' fel y gân 'na off *Sweeney Todd*. Lyfo ffilm 'na. Bach yn gory, ond fi'n hoffi peis... steak and onion... chicken and mushroom... Not human meat, wrth gwrs.

Sdim ots gyda fi am y gwaith. Ambell waith ma nhw'n siarad, gweud storis wrtha i am pan o'n nhw'n ifanc. Pan o'n nhw'n perthyn i rywun, priod like. Gŵr hi'n dead. Bach yn sad rili. Neb ar ôl nawr i watsio ar gôl nhw. Jyst ni lot. Un o nhw wedi bod yn prostitute 'fyd. Ffrind fi wedodd, ma hi wedi bod yn neud hyn for real. Fel calling, ife. Dim fel fi. Wedodd hi bod hi'n gwbod shwt o'dd cael gwared babis, pan o'dd hi'n disgwl. Sai'n gwbod os fi'n coelo hi. Gwbod shwt o'dd neud e'i hunan. Sad rili, wedodd hi bod rhai dynion yn fodlon talu mwy os fydde ddi'n disgwyl. Horrible, innit? Wedyn one time hyn, fydde hi'n gweud bod hi'n mynd i chwilio am customer, wrth ffrind fi ife… a fydde fe'n ffyni reit, hen fenyw yn gweud bod hi'n mynd i ga'l rhyw… rili hileriys, oni bai bod hi ar zimmer frame ac wedi dechre drysu. Mynd yn dwl-lal fel ma nhw'n gweud, ife. Wedyn do'dd e ddim yn ffyni o gwbwl. Jyst sad. Rili drist.

Mae mewn 'na nawr. Yr hen fenyw. Yn sefyll yn y shower. Wy'n aros am funud i neud yn siŵr bod y dŵr ddim yn rhy dwym. Mae'n sweet rili. Caredig ife? Gweud pethe fel bod hi ddim yn lico cael dŵr yn ei llyged, hyd yn oed pan o'dd hi'n ferch fach, o'dd hi ddim yn lico 'na. Nath hi weud tro diwetha bod ei thad hi'n arfer ei llosgi ddi. Blynydde 'nôl, back in the day. Ei llosgi ddi achos bod hi moyn priodi dyn du. O'dd e wedi dala ddi dan y dŵr yn y bath, hwnnw'n rili boiling a basically llosgi ddi a sgwrio ddi yn gas. Fel cosbi ddi am fod yn slag gyda dyn du. Old fashioned I suppose, erbyn hyn.

Wy'n gweld fy hunan yn y drych. Ma roots fi'n tyfu mas yn ddu a ma llyged fi'n edrych yn od. Y make-up yw e. Un mam fi. Circles dan llyged fi a falle ddylen ni ddim fod lan yn hwyr yn watsio pethe. Dave sydd yn gweud bod nhw'n gwd a... wel... ma fe'n gadel ifi cipo gydag e nawr bod stepdad fi mas for good. Dave halodd fi 'nôl 'ma hefyd. Greedy yw e. Ma mynd â bach yn iawn, ond ma Dave yn gweud i fynd â'r cwbwl, tro 'ma. Y cash i gyd, ife. Un o'r dryche bach, a'r cwpwrdd wedi troi'n felyn. Hen perfumes hi mewn fan'na 'fyd, a lot o talc. Mae'n lico talc. Un rhosod. Talc yn poisonous now, glei, rhoi canser ichi, fel popeth arall, ond ma hi'n iwso nhw a sdim canser 'da hi. Jyst bach o dementia neu Parkinsons neu rywbeth ma hen bobol fod ca'l.

Yn bedroom hi ma cwpwrdd mowr 'da hi ac ma drych mowr hir yn sownd yndo fe. Neis. Jyst bod dots bach du drosto fe i gyd, mewn yn y glass. Siâp cylche bach. Ma'r cwpwrdd yn frown fel 'se fe wedi bod yn y teulu ers ages. Mae'r tŷ yn neis. Fi'n lico tai hen bobol. Ma'r papur ar y wal yn cosy a ma smel fel hen a smel fel lliw melyn a bach o liw mwg, os fydde smel yn gallu cael lliw. Ond fi wastad yn meddwl fel'na.

Wy'n gwbod bod gyda ddi arian mewn yn y bocs bach hyn, tu ôl ei dillad hi yn y wardrob, fi'n gwbod achos wedodd hi wrtha i. Wedodd hi bo' fi'n debyg i grandchildren hi. Ma un o nhw'n solicitor neu rywbeth, er smo nhw'n boddran galw i'w gweld hi. Wedodd hi wrtha i i hôl fiver fach i'n hunan i helpu gyda pethe... fel prynu beiros i ysgol, that kind of thing. Obvs sai'n mynd i ysgol, wedes i. Sai 'di bod ers ages. O'dd loads 'da ddi, loads o hen twenties wedi rowlo mewn i hen popsock. Fel 'se fe'n rhyw arian i fynd mas ar y pop un dydd. Ond so ddi'n mynd i unman, yw hi? Yw hi? Fel y bois wrth y bus stop amser ysgol... so nhw'n mynd i unman...

Ac o'n i'n gwbod bydde hi ddim yn dod mas o'r shower am sbel achos o'n i wedi rhoi stôl wrth y drws ochr fas... ac os bydde hi'n agor y drws... wel, bydde swn y shower yn stopo gynta, yn bydde fe? I reckon fydde fe. A wedyn, obvs, fydde hi'n gorfod hôl ei dillad a so rheini mewn gyda hi yn y bathroom achos ma ddi'n meddwl bydde fe'n dampo'i dillad hi. Smo ddi'n lico dillad sydd ddim yn 'gras', medde hi. Fydde ddi ddim yn dod mas i'r coridor heb bygyr ol arno nawr, fydde hi? Not her age. So fan'na o'n i, wedi plygu lawr ar bwys y wardrob, o'n i wedi ca'l gafael yn y walet a'r popsock ac yn barod i fynd â'r lot, pan weles i fe. Gŵr hi falle. Sai'n gwbod. Good-looking man yn sefyll fan'na fel soldier. Meddwl bod e'n soldier, jyst yn sefyll fan'na. Sai'n credu mewn ghosts, ond o'dd e 'na, yn edrych yn rili stunning ac yn edrych reit arno fi. Wedodd e ddim byd. Jyst edrych arna i fel 'sen i ddim fod yna, a'r teimlad 'ma, reit yn fy lungs i, chest hyd yn oed, yn pwsio lawr nes bo' fi ffili anadlu. I'm not asthmatic, so it had to be him. O'dd e'n gwisgo siwt briodas, fel 'se fe wedi dod mas o'r llun. Wedes i bo' fi'n gallu gweld nhw o'r blân wrth Mam. Wedodd hi bo' fi'n boncyrs ac i fynd mas o'r ffordd. O'dd hi'n yfed yn drwm bryd 'ny 'fyd, ac o'n i'n... chwech? Ie, chwech.

O'n i'n gwbod bod e'n dead. O'dd e wedi marw ers ache, wedodd hi hynna'r tro diwetha fues i 'ma. Accident fi'n credu wedodd hi. Ac ar ôl 'ny, o'dd ei bywyd hi over. Fel'na wedodd hi. Fel 'se fe yn complîto hi, ife, a nawr mae jyst yn half person, half lost, half found. Fel cylch. Hanner a hanner yn neud un cyfan.

O'n i fod ei bwrw ddi. Bwrw ddi, nes bod hi'n dead, neu bron dead. Falle tynnu ddi wrth ei gwallt a slamo ddi mewn i'r bath. Neud e edrych bod hi wedi slipo wrth ddod mas o'r shower. O'n i hyd yn oed wedi gweld walking stick hi mas o cornel eye fi a jyst cydio yndo fe fel... grabo fe. A waco hi rownd y pen, wedodd Dave, a fydde hi lawr cyn i fi wbod. Dwgyd stwff useful, wedodd e... fel tablets a cash. Feddylies i am y silver ond wedodd boyff fi bod e'n galed i shiffto fe. So 'nes i ddim.

Ges i ofan, do... O weld e fan'na, so roies i nhw'n ôl. Achos wel... wel, smo eu heisiau nhw arna i gymaint â hynny. A falle bydd Dave wedi ofyrdoso anyway a bydd dim ise i fi ddwgyd i fe ragor. Byw mewn gobaith, fi'n gwbod. Ond o'n i'n rhoi nhw'n ôl. O'n i'n gwbod mai ghost o'dd e. Achos fi wedi gweld nhw o'r blân. Pan ma... teimlad 'ma... mewn fan hyn... ta beth. Ddaeth hi mas yn y diwedd a sefyll fan'na yn naked heblaw am towel bach o'n i wedi rhoi iddi a gwallt hi'n grey, fel rats' tails am ei phen hi. Oedd e'n dripan, lawr ei collar bone hi. Skinny she was, 'fyd. Fel 'se neb wedi rhoi dim byd o'i blân hi ond... crisps, ac o'n i'n teimlo'n sad. Os bydde hi'n gran i fi, ife?

So 'nes i de iddi, ar ôl ei sychu ddi. A es i hôl jympyr iddi a gwisgo ddi, rwbo hi'n neis, fel bydden i moyn, os bydde gran gyda fi, ond sdim i gael gyda fi, jyst Mam,

sydd ddim yn becso dim, a stepdad. And that's when...
daeth y real carer.

Edrychodd hi fel 'sen i'n thief neu rywbeth, gweud
shwt ffac o'n i wedi cael dod mewn. Plycodd hi identity
card fi off fi hefyd, ac o'n i'n barod i smasho ddi yn y gob,
knifo hi, 'se un i ga'l gyda fi, ond ges i'r feeling 'ma...
A ma'r hen fenyw yn gweud, 'Na, na, sdim ise iti fynd,
bach,' a bod hi wedi joio cwmni fi hyd yn oed. Gweud
bo' fi fel 'awyr iach'. A ma'r proper carer jyst yn edrych
arna i o hyd a fi'n trial cwato'r love bite off gwddwg
fi achos o'n i'n gwbod bod hwnna'n hala fi edrych yn
rwff. Ond o'dd hi, old woman 'na, yn reit. O'n i ddim
yn rwff iddi hi. O'n i'n tidy. O'n i'n decent.

'Nes i ddim aros am y te. Meddwl bod well i fi fynd.
Dave moyn cash e somehow, odi fe?

2. COLLI

GWEDWCH Y STORI 'NA, Mair, pan o'ch chi a Mam yn fach... a Mam yn cwmpo ar ei thin cyn mynd i'r ysgol Sul a glwchu ei nicers... a chithe'n gorfod torri drwy'r ca' fel bod neb yn gweld. Gwedwch beth ddigwyddodd pan weloch chi'r hen ddafad drig 'na lawr ar bwys cae Burt... honno'n pryfedu gered.

Ie, a gwedwch am y tro 'na pan oedd Wncwl Iwan wedi meddwi'n blet rhyw nos Sadwrn ac yn trial ffindo'r llwybr groes y ca' a hwnnw'n cerdded strêt mewn i'r afon a biti foddi. Gwedwch stori am Mam, Anti Mair. Gwedwch nhw i gyd, gwedwch nhw 'to ac fe af i gysgu wedyn, wy'n addo.

Wy'n dwli clywed Anti Mair yn eu gweud nhw. Wy wedi eu clywed nhw bob nos ers i Mam farw, ond sdim ots am 'ny, eu clywed nhw sydd yn bwysig, fel bod Mam dal yn fyw wedyn. Mewn fan hyn gyda fi. Ma Anti Mair wedi gadael i fi gadw ei chardigan hi, mewn yn y gwely, am fod ei phersawr hi arni. Persawr fel cwtsh, fel smel ti-werth-y-byd-ifi. Smel fel'na yw Mam. Smel haf a finne ar y swings yn y parc neu smel pen-blwydd hapus a Mam yn canu a thynnu llun clou ar ei ffôn. Perffiwm yw Mam. Mam a fi. Wy'n dwli arno fe am ei fod e'n perthyn iddi hi.

'Roedd dy fam a fi'n ffrindie hyd yn oed cyn i ni fynd i'r ysgol fach.'

Ma llais Anti Mair yn gorwedd dros y gwely a'n llyged i'n drwm ac yn dwym. Wy ddim yn llefen achos bod Anti Mair wedi gweud 'mod i wedi llefen digon heddi'n barod. Hithe hefyd, medde hi. Ma'i llais yn arllwys stori fach arall i'm clust i, llais fel Mam, ond ddim Mam yw hi.

'Bydde dy fam a fi'n nofio yn yr afon fach amser fydde'r houl ar ei ore. Bob o bicini amdanon ni, a ninne'n goese i gyd! Y dŵr yn yr afon yn oer a'r ddwy ohonon ni'n jwmpo mewn i'r man dyfna a nofio nes bod e ddim yn oer ddim mwy.'

Wy'n clywed ei llais yn y pellter a finne'n ailddeffro jyst wrth i wres ei geirie hi godi o'r gwely bach. Wy'n gofyn am y pysgod, gofyn am y trobwll, gofyn am y plant eraill o'r pentre, ac yn cysgu 'to, cau llyged a gwasgu'r geirie mewn rhwng y gobennydd a'r flanced.

'Peidwch mynd, Anti Mair, gwedwch un stori arall.'

★

Ma Anti Mair yn cysgu yn y stafell sbâr. Ma Dad wedi mynd yn ôl at ei wraig a'i blant go iawn. Mae'n dweud bydd popeth yn olreit, bydd pethe'n gwella ar ôl rhyw wythnos neu ddwy 'to, medde fe. Hanner cynnig ges i i adael pethe Mam ar ôl a mynd i fyw atyn nhw. Ond dyn dieithr yw e o hyd. Ma Anti Mair yn teimlo gwallt fy mhen i ac yn gwasgu fan hyn yn dawel neis am fod Dad ar hast i adael. Rhwbio'n ysgwydd i, jyst fel hyn, fel 'se hi'n gweud pethe neis heb agor ei cheg. Ma fe'n mynd a fedra i ddim clywed perffiwm Mam o dan ei un e.

★

Fe es i'n ôl i'r ysgol. Mynd am fod Anti Mair wedi begian arna i i fynd wnes i. Gweud wnaeth hi fod mis yn ddigon i beidio mynd. Roedd pawb yn neis. Ond neis esgus oedden nhw. Neis teimlo trueni ac roedd hyd yn oed Miss Picwnen yn plygu lawr i 'nhrwyn i a siarad am fod yn falch i 'ngha'l i'n ôl, er na choelia i'r un gair. Hen bicwnen fydd hi 'to, pan anghofith hi esgus bod yn neis, gewch chi weld.

Ges i dynnu llun drwy'r dydd heddi, am fod Miss Gwbod-y-cwbwl, sy'n ffrind i Miss Picwnen, yn gweud bod fy llunie i'n dda. Ches i fyth ganmoliaeth o'r blaen, ond heddi wy'n ca'l mynd i ginio gyda'r cyntaf a chwarae gyda Idris Twpsyn am fod Idris Twpsyn wedi colli ei fam-gu a'i fod e hefyd moyn llefen yn lle yfed ei laeth amser egwyl bach. Dyw Idris ddim yn gallu cownto chwaith.

Dyw Anti Mair ddim yn gwbod fy mod i'n gwbod shwt fu Mam farw. Dyw hi ddim am i fi wbod, am fod pethe fel'na ddim yn neis i blentyn wbod, medde hi drwy ddrws y gegin fach, pan oedd Dad a hi'n trafod beth i'w wneud gyda fi. Bydde fe'n rhwyddach i bawb, medde hi, a Dad yn tuchan a gweud bod rhaid iddo fe fynd yn ôl i'r gwaith. Yn gwmws, medde Anti Mair, a dyna pam bod pethe Mam yn saff yn fy mag dros nos a'i chardigan fawr yn dynn amdana i. Fydd mynd yn sbort, medde Anti Mair. Ga i fedrwm newydd a phethe newydd. Ond sai moyn dim byd newydd. Pethe Mam wy moyn. Ma Anti Mair yn gwenu ac yn gweud mewn llais lolipop y caf i ddod â'r cwbwl os oes well gyda fi. Sdim hast, medde hi wedyn a finne a 'nhraed yn pallu mynd rhag i berffiwm Mam farw. Mynd â'r cwbwl o 'ma. Tedi gwyn ac Ursula'r ddol, Siriol y dylwythen fach a Mrs Tomos y gath. Ond dyw Dad ddim yn hoffi cathe. Wy'n gwbod gymaint â hynny amdano fe.

★

Alla i ddim cael gafael mewn pensil lliw. Alla i ddim cael gafael mewn rwber chwaith. Mam fydde'n gwneud fy ngwaith cartref gyda fi a fedra i ddim cael gafael ar ddim byd i rwbio'r cwbwl mas. Fydd e'n rong, wy'n gwbod fydd e'n rong, ac ma'r llythrenne i gyd wedi cymysgu ffordd rong – ddddd, bbbb a ppp – a Miss Picwnen yn gweiddi a finne'n gwlychu... a Mam yn rhoid ei llaw ar fy nhalcen i a finne'n dihuno. Ond Mair sy 'na. Neb ond Mair. 'Ma'r llun yn rong, Anti Mair,' wy'n clywed fy llais a hithau'n shwsh-shwshan fydd popeth yn olreit.

'Ond sdim Dad yn y llun, Anti Mair. Dim ond Mam a fi sydd yn y llun a ma'n rhaid i fi rwbio fe mas nawr… am nad yw e'n reit. Dyw e ddim yn reit, Anti Mair… ddim mwy.'

★

Wy'n cysgu ac ma Anti Mair yn gweud stori am Mam a hithe'n ifanc yn mynd i siopa gyda'i gilydd. Dala'r bws yn y pentre a mynd yn eu cotie newydd i brynu lipstic yn dre − lipstic coch a lipstic pinc − a dod am adre yn bowdwr ac yn baent i gyd. Wy'n clywed Anti Mair yn snwffian chwerthin ac wy'n cau fy llyged yn lle bod rhaid iddi'u sychu nhw. Wy'n troi yn y gwely ac esgus rhwbio fy nhrwyn. Ma Mair yn plygu ata i nes bod ei breichiau hi'n dynn am fy nghefen i ac wy'n gwbod bryd 'ny pam fod Mam a Mair yn ffrindie mowr. Yn ffrindie gore.

'Wy ddim moyn mynd ato fe, Anti Mair,' medde fi wedyn cyn i'w dagre ddi wlychu 'nghlust i gyd. 'Wy ddim moyn mynd.' Ddim moyn mynd heb law Mam.

Ma Anti Mair yn gweud am Mam a hithe'n chwarae siop, yn chwarae caffi ac yn chwarae mynd i'r parti. Pan o'n nhw'n fach ac yn ganolig ac yn fowr. Ma golwg drist yn llyged Anti Mair er bod ei llais hi'n gwenu. Wy'n clywed ei geiriau fel blew cath yn rhwbio hapus 'nôl i 'nghalon i. Ond dim ond am bach ma hynny, fel bach-clou bownsio pêl ac yna ma hi a fi'n teimlo fel storm a nos 'to. Wy'n gwasgu i mewn i'w chôl hi i wrando ar y geirie ac ma gwallt Anti Mair yn cosi fy nhrwyn i. Wy'n gweud hynny wrthi ac mae'n ei dwco tu ôl i'w chlust fel hyn... ac fel hyn. Bys fel marc cwestiwn nes bod y cwbwl wedi ei dynnu'n deidi a galla i weld ei boche ddi'n glir. Boche pinco y'n nhw, a'i llygaid â bach o liw crayons du wedi bwtso mewn i'r hewl fach sydd ar bwys ei thrwyn. Ma glaw wedi llusgo'r lliw ond mae dal yn bert. Wy'n troi fy ngwallt fy hunan rownd a rownd fy mys, mae e'n neud ffwl stop i'r tonnau storm sy'n fy ngwddwg i am bach. Ma Anti Mair yn gweud bo' fi'n groten dda ac yn groten fawr. Ond croten Mam ydw i. Dim ond croten Mam wy moyn bod, yn fwy na gwres cardigan na chôl Anti Mair.

Ma Anti Mair yn gwc a hanner. Mae'n neud crymbl gyda'r mwyar gasglon ni yn y clawdd tu ôl tŷ. Mwyar mawr a mwyar bach a mwyar gwyrdd caled. Ni ddim i fod i gydio yn y rhai gwyrdd na'r rhai sydd wedi llwydo yn y glaw, na'r rhai lle ma picwns yn pori arnyn nhw. Wy wedi casglu mwy nag Anti Mair am ei bod hi'n rannwr da a finne'n gorfod testo nhw i gyd cyn eu rhoi yn y bocs hufen iâ. Ma hon yn un dda, Anti Mair, medde fi, a lipstic mwyar dros fy ngheg i i gyd. Does dim rhaid i fi ei rwbio bant, ma Anti Mair yn gweud bod e'n iawn i fod yn lliwgar. Lliwgar yw e, dim brwnt. Brwnt fydde Miss Picwnen yn gweud. Ond mae'n well gyda fi 'lliwgar' na 'brwnt' bob tro. Mae'n gweud bo' nhw'n iach i chi ond i chi beidio mynd â'r rhai sydd ar ben yr hewl. Dyw'r rhai ar bwys yr hewl ddim yn cael anadlu, medde Anti Mair. Anadlu mwg maen nhw'n neud. Anadlu fel 'sen nhw'n smoco, medde fi, ac Anti Mair yn gweud bo' fi wedi'i deall hi! Wy'n gallu neud popeth, medde hi, ac wy'n lico teimlo fel 'ny tu fewn. Teimlo fel tyfu haul yn fy mola. Blodyn haul yn fy mhen hefyd. Un â choes hir a phen melyn a hadau i'r adar.

Ma'r crymbl yn ffein gyda hufen iâ gwyn ac ma Anti Mair yn gadael i fi droi'r jam yn y sosban fawr. Ma fe'n orbo'th, ma fe'n ferw, ma fe'n llosgi'n gas. Ond wy'n gallu neud popeth, medde hi, am bo' fi'n groten fawr ac yn groten gall. Ma Anti Mair yn lyfli fel jam mwyar piws ar dost a menyn rial a'r bara homêd yn dwym ac yn slwtsh ac yn stecs yn fy ngheg. Ma'r dant sy'n siglo yn siŵr o symud os fwyta i grwstyn, medde hi. Galla i fod yn fampir wedyn. Er byddai'n well gyda fi fod yn dylwythen deg. Roedd Mam yn hala fi ddysgu'r darn i'w weud yn steddfod. O'dd hwnnw'n gweud bydde'r dant yn fricsen i gastell y tylwyth teg, ac o'n i bryd hynny yn ffili gweud y gair tylwyth. O'n i'n gweud tylwyff. A Mam yn hala fi weud e 'to a 'to a 'to. Nes bod tylwyth teg ddim yn neis ddim mwy.

★

Wy ddim moyn tynnu cylch arall ar y papur tynnu llun. Cylch fel hyn i'w ben a chylch fel 'na i'w gorff, wy ddim moyn, Anti Mair, wy ddim moyn. Coese pensil un, dou a breichie tri, pedwar fel gwe corryn mowr. Crafad o lygad a gwên wingi wonga i'r dyn wy ddim yn nabod. Wy ddim moyn ac ma Anti Mair yn addo fydd ddim raid i fi chwaith.

Ma Anti Mair yn gweud popeth wrtha i am Mam. Popeth neis a chynnes. Fel pwdin reis a switsen cnoi cnoi cnoi. Popeth sy'n chwerthin a gwenu fel blas lan y môr. Ond plant yr ysgol wedodd bopeth arall wrtha i am Mam…

… a dyw marw heb fod raid ddim yn reit, medden nhw.

3. RYGBI

'DERE LAAAN, ACHAN, CWYD y blydi bêl. Cwyd hi, cer mlân, cer drwy'r bwlch, gweitha le. O… o, mam fach, ti fel dyn pren yng nghanol ca'! Ti fel postyn, achan, werth dim byd. Diawch erioed, cer 'nôl i newid, cer mlân, cer i newid o'r ffordd. Ma dy fam yn gallu chwarae gwell rygbi na 'na, achan!'

Dad yw hwnna. Ma fe'n hen. Ma fe hefyd yn arbenigwr ar bopeth sydd yn ymwneud â pheli. Snwcer, ffwtbol, rygbi, pŵl, ie, chi'n iawn, chi'n gweld y patrwm. Wy'n iste fan hyn nawr, yn aros iddo fe ddod 'nôl i'r car ar ôl bod yn trafod tactics treino gyda'r *coach*. Ma Dad yn deall mwy na hwnnw hefyd. Dyw e ddim wedi chwarae i Gymru, nadi, nac i neb o werth, ond ma Dad yn deall y cwbwl a sdim iws i neb weud wrtho fe'n wahanol.

Dyma'r trydydd clwb i ni fynd iddo. Treining bob nos Fercher. Gêm bob dydd Sul. Ga'th Dad ei banno o'r ddou glwb diwetha. Colli natur ar y cae a rhegi ar y reff a rhai o dadau'r timoedd eraill. Fuodd hi'n ffeit yn diwedd rhyngddo fe a thad un o'r bois cryfa. (Oedd yn digwydd bod ar yr un tîm â fi.) Coethan i ddechre, wedyn cledro – y ddou fel dou fochyn ar lawr yn y mwd. Dou fochyn cas, wrth reswm. Roedd mwy o fwd ar Dad nag oedd arna i erbyn y diwedd.

Wedon ni ddim byd wrth Mam am y digwyddiad, rhag ofn, a wedes i ddim gair wrtho fe tan i ni gyrraedd adre'n saff, heb McDonald's na dim i ginio. Na'th e ddim gweud mai fy mai i oedd y cwbwl. Ond ro'n i'n gallu teimlo fe. Yn y ffordd roedd e'n rhythu ac yn tyttytian bob tro fydden i'n dod yn agos. Amser swper oedd waetha. Pallu paso'r bwyd draw. Fel 'se fe'n talu'r pwyth yn ôl am bo' fi ffaelu paso ar y ca'. Roedd e hyd yn oed wedi leino'r botel sos coch a'r mayonnaise, y pupur a'r halen, y platie mawr a'r rhai bach, eu leino nhw lan fel chwaraewyr ar ga' rygbi, ac yn fy lle i ar y ca' roedd e wedi rhoi pysen. Pan nad oedd Mam yn edrych fe ffliciodd y bysen ar ei hyd i'r bin bach. Ro'n i'n deall ac roedd e'n deall fy mod i'n deall hefyd.

★

Ma'r bŵts hyn yn newydd. Styds pwrpasol. Gum shield. Scrum cap. Pads ysgwydde. Y cwbwl lot. 'All the gear, no idea' fel ma nhw'n gweud. Ma Dad, chwarae teg, yn meddwl bod rygbi yn ffordd dda o tyffno fi lan. Sa fi ddim diddordeb a gweud y gwir, ond wel, sneb yn gweud na wrth Dad, oes e? Dim os odyn nhw'n lico anadlu mewn drwy'r trwyn a mas drwy'r geg.

Ma Gwenno, fy chwaer, yn cael chwarae piano. Mae'n sych ac yn gynnes yn y parlwr gore, ac ma'r athrawes yn bwyllog ac yn garedig wrth farcio ei gwaith theori. Dyw hi ddim yn sych mas fan hyn. Mae'n morio. Dwi'n casáu'r glaw. Dwi'n ei deimlo'n rhedeg i lawr dros fy nhrwyn. Ma 'nghefen i'n stegetsh. Dwi'n rhedeg, yn dilyn y bechgyn o un pen hir i'r llall. Yna'n eu dilyn yn ôl. Y cae yr un mor hir y ffordd honno hefyd. Dwi ddim wedi cael gafael yn y bêl eto. Dwi ddim rili moyn. Ma Dad yn sefyll fan'na ar ochr y ca' a dwi'n gweld wrth ei gerddediad 'Mwstra, mwstra c'mon, cydia!' a'i wep 'Ti werth dim byd' bod well i fi fentro yn agosach i'r cylch chwarae. Dwi'n clywed y bois eraill yn chwythu a rhythu ac ma ambell un ar lawr. Ma'r bêl yn symud, o un i'r llall, i un arall. Mas.

Lledu. Cyflymu. Cryts yn clymu. Cryts yn cwympo. Finnau'n watsio. Ma rhif 7 yn chwaraewr da. Ma Dad yn fy atgoffa o hyd cystel chwaraewr yw e.

'Yffach, gwd player yw rhif 7. Digon o natur ynddo fe. Bach o natur sydd ise arnat ti, tyl! Ma hwnna'n gallu mynd fel milgi. Iasu. Ma fe'n symud hi, tyl. Odi glei. Dyw sefyll fan'na yn disgwyl i rywun roi'r bêl yn dy law di'n no gwd, tyl. Bachan jiawl, pam na 'set ti'n debycach i rif 7? Falle gelet ti gwpwl o dreis wedyn. Bydde werth mynd â ti. Pan o'n i'n ifanc...'

Ie, Dad, pan o'ch chi'n ifanc. Dwi wedi clywed y bregeth 'ma ganwaith yn barod, a dyw Dad ddim wedi newid dim o'r cynnwys. Ma'r pwyslais yn amrywio, yn ddibynnol ar y tywydd, ond ma'r cynnwys yn gyson.

'Ma raid iti fagu bach o natur, gweithio ar dy ffitrwydd, byta'n iawn. Sdim iws i ti fynd mas fan'na fel giâr yn y glaw. Bŵten, hwp dy fŵten mewn, tyl, dwrn wedyn, colbad fach slei yn y sgrym sydd ise. Jyst paid ca'l dy ddala. Bachan, flynydde'n ôl, fydde pawb yn ca'l styden yn ei ben, caledu ti lan tam bach. Cluste colifflower, hwnna'n rygbi go iawn. Dim rhyw rygbi pôsyrs fel sydd heddi. Sbonsro bois i wisgo fel rhywbeth o gatalog Next!'

Roedd y gêm heddiw yn uffernol. Colli oedd ein hanes ni. Colli o hewl hefyd. Roedd y tadau eraill yn cydymdeimlo ac yn dweud bod y bechgyn eraill yn fwy na ni, yn gryfach na ni, yn chwarae fel tîm (sy'n debyg i ni, ond yn well na ni). Roedd Dad mwy o'r farn bod angen bychanu, dyna'r ffordd i godi safon y chwarae, medde fe. Ma drws y car yn cau ac ma Dad yn dechre:

'Ti'n shit, ti'n slow, ti fel rhech ar y ca'. Pwy boint, e? Pwy boint i fi raso lawr fan hyn bob bore blydi Sul i weld ti'n chwarae fel wew? Fel coeden, achan. Sai'n credu bod ti hyd yn oed wedi gweld y bêl. Pwy liw oedd hi, gwed? E? Drych arnat ti, ti'n lanach na pan ddest ti mas o'r tŷ ben bore, achan. Drych whompyn mowr fel ti, allet ti lorio hanner y fferets 'na. Striflyn bach main oedd eu rhif 4 nhw. A ceglyn â clustie o'dd y rhif 11 'na hefyd. Sai'n cofio gweld ti'n trial rhoi plwc i grys rhywun arall. Heblaw am un dy hunan. Ro't ti'n twco hwnnw mewn i dy siorts yn ddiddiwedd. Fel 'se ofan arnat ti ddal annwyd yn dy gidnis, glei. Ti'n gweld y bêl yn dod a beth wyt ti'n neud? E? Ie, gadael iddi fynd heibio. 'Nest ti ddim hyd yn oed trial taclo. Bachan jiawl, lawr â nhw. High tackle, low tackle. Tacla, er mwyn dyn! O't ti fel 'set ti'n ofan y bêl, achan. Llanw dy bants a gadael iddyn nhw fynd heibo ti. Anodd blydi credu bod ti'n fab i fi.'

★

Dwi adre'n dost heddi. Ffliw, wedodd Mam. Annwyd, wedodd Dad. Dwi ddim wedi cael fy newis ar gyfer tîm rygbi'r ysgol hyd yn oed. Dwi ddim wedi bod yn mynd i'r treining chwaith. Ma Dad wedi clywed am hynny erbyn hyn ac mae ar y ffôn ar hyn o bryd yn aros i'r ysgrifenyddes drosglwyddo ei neges i'r Pennaeth Blwyddyn.

'Na, nawr, wy moyn sorto hyn mas NAWR. Dim fory, ond nawr. Chi'n deall? Aggressive? Fi? Na, sai'n aggressive, wy jyst moyn i'r blydi boi PE 'na weud wrtha i beth sy'n bod ar 'yn fab i. Pam nad yw e yn y tîm?'

Dyw'r 'boi PE' ddim ar gael wrth gwrs. Dyw'r boi PE ddim yn deall dim am rygbi chwaith. Dwi'n chwysu'n stecs. Ma 'nghalon i'n curo. Dwi'n begian ar Mam i ddweud wrth Dad bod dim diddordeb o gwbwl gyda fi mewn rygbi.

Ma Dad yn hopo. Bownso. Yn natur wyllt. Poeri fel 'se dannedd dodi gydag e. Ond does dim. Mae e'n mynnu gwbod pwy arall sydd yn y tîm yn fy lle a dwi'n dechrau eu rhestru nhw. Ma Dad yn adnabod pawb wrth gwrs:

'Bedwyr, ie, crwt Ifan – gwd player. Pwy arall, Gruff, crwt Siôn – gwd player. Rhydian? Rhydian? Rhydian? Ti'n jôcan. Ocê, ie, yr un bach 'na, ie ocê, gwd yn y sgrym, crap yn y line-out...'

Dwi wedyn yn rhestru'r gweddill – Harry (hogger) Gwyn (gad e gartre), Ianto (sydd fel iâr), Jac, ie Jac yn olreit, ond Philip. (Ma gan Phil ddwy droed chwith a dwy law fel wel... dau bysgodyn.)

'Treiffl.' Ma Dad yn chwerthin. Fe fedyddiodd e, am ei fod yn edrych yn debycach i grwt yn cario treiffl i'w fam-gu nag un yn rhedeg â phêl rygbi ar gae.

'Philip? Pwy, Treiffl? Ti'n gweud wrtha i bod Treiffl wedi cael lle ar y tîm a ti ddim? Treiffl!? Mawredd mowr. Shambls, glei.' Mae'n chwerthin am gyfnod cyn bod y chwerthin yn troi'n chwyrnu. Nawr mae'n dynwared.

'Wy-y y wyyy wy, watsiwch bois, mae e'n cwmpo, mae e'n cwmpo… Mowredd dad! Oes ise tsieco llyged y boi PE? E? Sdim digon o fois gyda chi? Sai'n gweud bod ti'n gwd player, ond jiawch ti'n well na hwnna! Aros di nes gaf i afael arno fe. Sortwn ni hwn mas nawr.'

Dwi'n sefyll fan hyn yn sychu fy nhrwyn ac yn peswch, gan fy mod yn dost, ac ma Mam yn dod draw ac yn gosod ei braich ar fy ysgwydd. Ma Dad yn pregethu o hyd.

'Paid, Siân, paid â'i faldodi fe, reit. Byddi di'n gweud nesa bod dim bai arno fe.'

'Richard,' medde Mam. 'Richard bach, dyw Ieuan bach ni ddim yn lico rygbi!'

'Ddim yn lico rygbi? Ti off dy ben? Ma pawb yn lico rygbi. National sport. 'Set ti ddim yn swcro'r rhacsyn bach yna fydde fe'n chwarae dros y Sir erbyn hyn, tryouts i'r Scarlets falle, cap dros Gymru hyd yn oed.'

Does dim iws dadlau. Dad fydd yn ennill, yn siŵr i chi.

Dwi'n edrych ar fy llun yn fabi bron yn flwydd. Ma Mam wedi fy ngwisgo mewn crys bach Cymru a threinyrs bach gwyn. Siorts gwyn a phêl hirgron dan fy nghesel. Ma Dad yn fy magu ac mae ei wyneb yn browd.

Ma Dad ar y ffôn o hyd ac mae ei wep yn hir. Mae'n cosi ei ben yn ddiddiwedd ac yn rhegi ac yn anadlu bob yn ail. Mae'n ystyried mynd yn noddwr. Yna byddwn i'n siŵr o gael lle ar y tîm. Ond na. Mae'n aros. Dyw'r gerddoriaeth yr ochr draw i'r ffôn ddim yn helpu. Mae'n gwrthod gadael neges. Mae'n well ganddo ddala mlân. Mae'r boi PE yn dysgu, wrth gwrs, ac ma Dad yn awyddus i drefnu cyfarfod cyn diwedd y dydd. Cyfarfod wyneb yn wyneb.

O, Mam, gwedwch wrtho fe.

4. Y LLWYNOG

VULPES VULPES. DYNA FI. Fy enw yn llawn yw hwnna wrth gwrs. Fy enw cyhoeddus. Efallai ichi glywed amdana i? Na? Wel, croeso, dewch i mewn a chaewch y drws. Fy ngwâl. Fy ngwâl. Mor glyd a chynnes fel côl. Wy'n ddiogel. Mae'r drws ar gau, ar glo, a'r helfa drosto. Dim mwy o gwato mewn cloddiau, sgwlca, sgathru, wrth wylio'r ieir yn clwydo a'r ffarmwr â'i ddryll.

O, mor braf. Mor braf. Cau llyged. Llyfu gwefl a gwrando ar gorws y gwynt yn y coed y tu fas. Mae fy nghot yn sychu. Cot goch. Cot cwato pechodau. Wy'n lolian rhwng cwsg ac effro. Pryfocio'r atgofion ar lwyfan cyn cwsg. Panto bach wrth ymestyn pawen, wrth bendwmpian… mor braf… mor braf.

Weloch chi fi? Na? Na. Mae'n nos.

Welwch chi fi? Na, wy yno yn y cyhudd yn cwrso'r sgwarnogod, yn snwffian sglyfaeth o'i thwll. Cornel stryd hefyd. Sglyfaeth mewn sgert fer... cywennen fach ifanc yn ddiamddiffyn, ddof, a'i phlu gorau yn chwythu yn y gwynt. Mae'n oer. Ganllath o gopa... o, wy'n sori, y demtasiwn yn ormod. Wy'n lico temtasiwn. Mae'n rhoi rhythm i'r galon.

Clyche? Na, dim ond y Warden a'i weision yn newid y sŵn y tu fas i'm gwâl. Awel mis Gorffennaf? Na, dim ond traed, fel traed ar frigau neu ar goncrid.

Dewch eto. Dewch yn ôl. Fy atgofion, anwesaf nhw... Plyciaf nhw, yr atgofion gore o ffau fach fy meddwl. Y melystod sydd mewn suddo dant i gnawd cyn ei rwygo. Ffroen yn chwyrnu. Gwlybaniaeth ar dafod. Gwlybaniaeth coch. Fel lolipop. Ond mae hwnnw'n gynnes. Felly nid fel lolipop. Ymddiheuraf. Stori arall. Carthaf fy ngwddf i chi gael ei chlywed yn iawn. Y chi yn y cefn, ger y drws, yn gefnsyth fel plismon. Arbenigydd efallai, ie, arbenigydd fforensig. Mae eich osgo dipyn bach yn brennaidd, ydy, piff hi-hi. Prennaidd. Fel plismon, neu fel coeden mewn coedwig.

Pan ddaw hi'n amser wyna, yna caf waed newydd. Mae ŵyn yn swci. Ŵyn gwan, ŵyn twp, ŵyn sydd â'u diniweidrwydd fel brigau heb ddrain... Na, na, fel gwynt heb frath. Na, na, fel babis mewn byd llawn… Maddeuwch i mi ond mae bod ar ben eich hunan yn eich gwneud chi'n farus pan gewch chi gynulleidfa. Pentyrru pethau sydd wedi gorfod bod yn dawel ac yn fud. Ond cywennod yw fy ffefryn. Nid ŵyn. Mae ŵyn yn brefu. Dyw cywennod yn gweud dim, dim ond cymryd y cwbwl. Mae'n bleser mud, wy'n gwbod, ond mae'n bleser bob tro. Mae gan ŵyn famau i'w hamddiffyn. Does gan gywennod neb. Cofiwch hynny. Does dim cefn gan gywennen. Delwedd wrth gwrs. Back up. Ta beth, fy hoff bethau? Hoff bethau… iep iep… diolch am y cwestiwn. Cwestiwn agored nid cwestiwn caeedig, sydd yn gadael i'r un sydd yn ateb ddatgelu mwy amdano'i hunan… Dim 'ie' neu 'na'!

Profiad fel plingo, fel plyfio, fel tynnu'r grofen, codi'r croen o'r cyhyrau, cyn crensian drwy'r cig, drwy'r esgyrn cynnes. Pesgi. Cad-no. Cadno! Diolch i chi am yr enw. Mae'n ddeheuol wrth gwrs, ond mae'n anwylach na llwynog. Un slei yw llwynog, ond un cas yw cadno. Piff hi-hi! Mae yna fwy na wyddoch chi. Mae cywennod yn rhy gyffredin a does dim niwed mewn sgwlca un fach fan hyn ac un fach arall fan 'co.

Mae yn fy natur wrth gwrs ac mae natur yn feistr arnon ni i gyd.

Ond rwy wedi blino cwrso. Hen flewyn coch wedi dechrau britho, a phan ddaw'r cŵn i losgi'ch ffau chi, wel, hen gŵn heb ddisgyblaeth, heb reolau... Vigilantes.

Wel, hen hanes yw hynny. Pawb yn gwbod shwt daliwyd y cadno yn y magl, a chi yw'r arbenigwyr, proffeilwyr seicolegol etc. etc. ond maen nhw'n gwahodd. Cofiwch chi hynny. Y nhw sydd yn fy ngwahodd.

Copa'r mynydd yw fy llun proffeil newydd. Wy'n sefyll rhyw ganllath o'r copa a'm untroed yn pwyso ychydig yn uwch na'r llall. Mae'n Orffennaf wrth gwrs, a chysgod yr haul mor wych, yn cymylu'r llun fel nad oes modd i chi fy ngweld yn iawn. Wy'n lled-orwedd yn fy ffau ar hyn o bryd, yn rhwydo cywennen fach arall. Cyfrwys, wy'n gwbod. Nhw ar eu diarwybod daith, yn eu sodlau nos Sadwrn. Mae'r gywennen fach yn syllu, ei llygaid yn fflam, rhaid ei pharlysu. Mae'n ansefydlog wrth gwrs, yn yr ystyr fod ganddi ryw *issues* bach ei hun. Yna, heb frys na braw, wy'n ei dofi. Misoedd o ddofi gan bwyll bach. Ei thynnu, os mynnwch chi, yn bellach o'r cwb ieir. Cyn llithro fy mlewyn coch dros ei chnawd, ac mae hithau'n… hmmm, beth yw'r gair? Digwydd? Ie, digwydd. Cyn darfod megis seren wib. Diolch. Diolch. Mae'n addas, wy'n meddwl.

Chwiliwch chi, bois bach. Chewch chi mohoni. Chewch chi ddim. Twriwch os mynnwch chi. Trowch chi'r ddaear a'r coed a'r cloddiau i gyd. Moch daear bob un ohonoch. Moch i gyd. Ceibiwch, ond chewch chi mohoni. Mae'n rhy hwyr i lefain. Ddaw hi ddim 'nôl, mor ddoniol drist eich apelio ofer. Chi a'ch wynebau lludw a'ch llygaid carreg. Welwch chi fyth, er bod y gwir yn gwenu yn nyfnder y ceudod. Fi. Fi. Fi. Fi a'i meddiannodd. Cywennen fach. Cywennen fach flasus.

Mae'r ffarmwr yn symud y cwb o bryd i'w gilydd ac wy'n newid fy llun proffeil, yn diflannu am gyfnod o dan y ffens, o dan y radar. Ond mae'r ffens yn tyllu gydag amser ac rwyf innau'n sleifio'n dawel bach yn ôl i gysur y cwb ieir. Wy. Cywennen. Iâr. Llygoden os oes raid.

Codi'r cwb, ei wthio ar ddwy olwyn fach tan bod y patshyn yn lân fel palmant newydd, fel proffeil newydd.

Dim ond ffrindiau yn rhannu cyfrinach. Yn gwrando. Yn gwylio. Does dim angen gwylltio. Ewinedd pinc, yn ffals, ffiedd. Fy ewinedd inne'n gwasgu, gwasgu… o, mor braf. Waeddodd hi ddim! Dim ond gwingo ryw ychydig. Ofn? Ie, ofn a'i parlysodd. Doedd dim dwywaith am hynny. Yn ddoli glwt fach â'i choesau a'i breichiau yn cicio, strancio, cicio. Mor rhwydd oedd ei denu. Menyw fach, menyw ben golau yn llygaid i gyd, yn fusneslyd fodlon. O, oedd, roedd hi'n fodlon. Cwrdd mewn lle dieithr. Lle diogel, ymhell o'm ffau. Lle i daflu ambell hedyn a'i gweld yn… mmm… pesgi ar fy ngharedigrwydd. Piff hi-hi. Weithiau does dim angen cuddio y tu ôl i'r fi yn y llun. Y fi ar ben fy nghopa. Weithiau maen nhw yno yn y glaw. Ieir yn y glaw a'u plu wedi sarnu, eu cefnau'n grwca, eu cnawd yn sythu. To am y nos, minnau'n gymydog da.

Te? Mae pawb yn hoffi te? Rhywbeth cryfach? Na? Dim ond bach o fwyd. Mae digon i'w gael yn y pantri, dewch mewn, caewch y drws, gwnewch eich hun yn gartrefol. Mae'r tŷ yn gynnes. Odi, mae'r tŷ yn gynnes. Chi'n eitha reit. Mwy croesawgar, yn dyw e, na hen dŷ oer. Mae'n gwrthgyferbynnu wrth gwrs, tu fewn. Tu fas. Bla bla bla. Mae hithau'n oer wrth gwrs. Ei dwylo yn... beth wedwn ni... yn glamp. Ie, wy'n lico'r hen ddywediadau. Maen nhw'n rhoi bach o safon i'r stori. I'r dweud, yndyfe.

Teulu? Na, wrth gwrs dim teulu. Na finne chwaith. Dim mwy. Mae croeso i chi fynd am gawod. Dim ond dyn bach di-nod ydw i. Diniwed, di-nod. Dibriod. Wow. Wedi ysgaru, yndyfe. Mae'n haws ymddiried mewn dyn sydd wedi ysgaru. Cydymdeimlad a phethe fel'na, yndyfe? Mae dyn dibriod yn gallu bod yn... hmm... beth wedwn ni, od? Ie, od. Mae'r ddelwedd yn berffaith. Y sbectol fach. Y siwmper dwym. Licet ti siwmper? Digon o ddewis. Mae'n bwysig cadw'n dwym yn y tywydd oer hyn. Y soffa? Wrth gwrs, wrth gwrs. Digon o le arni i... i... aros am y nos. Bath yn gyntaf efallai? Dere mlân, fe af i wneud te. Bydd popeth yn iawn ar ôl i fi wneud te. Te cynnes fel hen gysur. Gwaith sychedig yw sefyll ar gornel stryd a dyw'r strydoedd ddim yn saff i fenyw fach mewn sgert dynn a sodlau, a hithau'n bwrw glaw. Glaw oer. Mae'n feddw fodlon fel pryfyn yn gaeth i'r golau. Does dim hast. Mae'n eistedd ar gornel y soffa. Un ledr yw hi. Hawdd i'w sychu, pe

bai raid. Rhyw eistedd hanner boch yn gyntaf, cyn...
ie... cyn mentro rhoi ei chefn yn ôl ychydig. Mae'n
symud y glustog. Mae'n gwneud ei hun yn gyfforddus
ac wy'n llithro yn nhraed fy slipyrs Marks and Sparks i'r
gegin i wneud te... Ie, alwn ni fe'n de. Mae'n hen, wrth
gwrs, dyna pam ei bod ar ôl ar gornel y stryd. Ond 'na
fe, mae ambell iâr glwc yn ffein.

★

Suddodd y min i'r cnawd fel petai'n fenyn. Arhosodd
yr eiliad. Arhosodd fel petai'n ceisio tynnu sylw ato'i
hun. Gwanu ymhellach i'r corff eiddil dan bwysau'r
bysedd. Gwlychodd y gyllell. Teimlaf y gwaed yn gludo
i'r cnawd, i'r carn. Hen waed cynnes, oer, gwlyb, mor
esmwyth yn llifo'n llyfn o'r min i'r carn, i'r bysedd, i'r
bawd ac o dan yr ewinedd. Yn wyn ac yn ddu ac yn
goch, yn gynnes loyw.

Tynnaf hi'n araf o'r pant yn y cnawd, fel pe bawn i'n
twyllo'r gwaed yn ôl i'r hollt. Ei phlannu hi eilwaith,
deirgwaith yn araf i lain lân o gnawd. Rhag ofn iddi
symud. Teimlaf gynhesrwydd y corff yn gusan dan fy

nwylo. Oedd, roedd hi'n hollol farw. Beth arall oedd i'w ddisgwyl? Doedd dim gobaith iddi fyw, nag oedd? Ddim ar ôl iddi fy ngweld. Syllaf arni. Syllaf arni yn syllu i fyw fy llygaid. Cyn daeth rhyw ias drosof fel ton. Arswyd. Rhaid yw eu cael nhw oddi yno. Y nhw. Pa hawl sydd ganddyn nhw i rythu?

Cydiaf yn y gyllell a'i phlymio i ganol y llygaid llonydd nes eu cael yn rhydd o'r pen. Sodraf fy stamp arni, fy stamp fel graffiti ar wal. Anadlu. Does dim angen gwylltu. Oedaf uwch ei phen. Fi fuodd fan hyn! Ond dalia'r socedi i syllu fel penglog oen lle bu'r gigfran. Syllu. Ebillio drwyddaf. Pryfocio. Dyna wnaen nhw. Fy herio, fy nghorddi, fy narllen, fy nhwyllo. Anadlaf eto. Un fach arall yw hi, dyna i gyd. Un fach yn hanner gwenu, hanner addo. Ond diawch! Pa ots? Ddôi neb ar ei thraws hi heno, na'r un heno arall.

Tir meddal yn galed, yn feddal eto. Tynhaodd y cyhyrau yn fy mreichiau wrth i'r twll ddyfnhau o haenen i haenen fodlon. Gafael yn y corff a chofio'r gwallt melyn ysgafn yn blu eira dros ei hwyneb. Byseddu'r cylchoedd llyfn, eu troelli i'm calon. Dyna drueni na fuasai wedi gwrando! Ond rhai felly fu merched erioed. Gwenaf wrth ei gweld yn gorwedd ar y llawr pridd. Fy nhegan drud. Fy noli glwt. Mae ei gwâl yn galw amdani.

Llwybreiddiodd ei rhyfeddod prin o'm blaen; minnau heb ysgog a heb ynof chwyth. Barlyswyd ennyd. Cylch bach yn glyd fel côl. Ei llusgo'n garcus. Anadlu. Bron na fodolai dim ond y ni'n dau. Cylch bach lliw siocled wrth y clawdd. Rhofiaf y pridd dros ei gwallt melfed. Ie, dyma beth yw 'pridd i'r pridd' go iawn. Llyfu gweflau fel ci lladd defaid. Ffarwél, wallt melfed! Bob yn fodfedd, bob yn hyrddiad, diflanna'r sgert dynn a'r sodlau. Pridd. Pridd i guddio pechodau. Claddu'r mwynhad. Chwarddaf. Mae gwaith heno ar ben. Rwyf wedi gadael fy ôl – ac eto daw heno arall.

★

Cwsg, cwsg… yng nghôl fy ngwâl fy hun. Mae'r ffens yn uwch erbyn hyn a ddim mor rhwydd i'w thorri. Mae'n anodd gwthio 'nghot ore drwy'r clawdd miniog heb ei rhaflo. Fedra i ddim gweld y cywennod chwaith, ond fedra i eu cofio, yng nghoedwig fras fy atgofion.

Ac er fy mod i fan hyn yn syllu ar waliau, mae'r wefr yn fyw o hyd. Wy'n ymestyn yn fy magl. Mae'r cylch yn cau am fy ngwddf. Creadur gwyllt ydw i. Does dim modd fy nofi. Wy'n teimlo blaen fy nhroed dde yn rhwbio, rhwbio'r llawr oddi tanaf. Y bys bawd yn mwytho leino'r ffau fach... bwthyn bariau. Wy'n ceisio codi fy hun yn uwch i ddileu'r gwasgu. Anian wrth gwrs. Does neb yn moyn marw. Yna, heb frys na braw, wy'n llithro dros y grib i gaeau cwsg. Rhwbio rhywfaint mwy... crafu ffarwél â blaen fy nhroed ddisanau. Pawennu. Bron â bod yno. Ond ddim cweit. Suddaf i'r magl. Nid lle i gadno yw cwb.

5. NEWID

MAE'R RHEDYN WEDI HEN rwdu dros y foel erbyn hyn ac rwyf innau hefyd yn hen. Mae sgwâr y pentref yn glaf. Y glaw yn rhidyllio drwy'r brwyn a'r afon fach odanaf yn byrlymu. Glaw. Glaw. Mae'n oeri ac mae fy nghot fawr wedi gwlychu drwyddi. Rwy'n codi'r goler er mwyn rhaeadru'r diferynion gwlypaf o 'ngwar. Does neb ar y bont ond fi.

O'r fan hyn arferwn weld y pentref i gyd yn ei gyfnod. Nel Siop, yn ei slaps sgidie, ei rhestr siopa ar gornel amlen felen-frown – llythyr caru yn gymysg â'r menyn a'r caws a'r pys sych. *'To my love, Idris.'* James y Glonc yn chwalu clecs, yn briwsioni hanes ar awel fain mis Mai. 'Chi'n gwbod pwy sy'n disgwl, yn dy'ch chi?' Ethel a Rachel a Neli a Morfudd, yn croesi'r hewl ganwaith y dydd, gwacáu'r grat i'r afon, rhoi'r lludw yn y llif, gwyliad yr hewl a'r ceir prin yn coedio drwy'r cwm. Yn mynd a dod. Pwyso dros fariwns y bont a dadlau, tynnu coes, a finnau'n eu plith yn hau hanes, yn rhannu cwmni ac yn perthyn i'r fan hyn. Geni a gadael. Doedd dim unman fel fan hyn.

Gwedwch wrtha i, ydych chi'n eu cofio nhw? Na? Na. Mae'r hanes wedi mynd gyda'r llif. Wedi hen fynd ac yn ei le mae hast wedi rasio drwy'r pentref a 'ngadael innau ar ôl. Wâc i Cei oedd hi bryd hynny. Wâc gyda'r ysgol Sul. Wâc i'r cwrdd. Wâc i'r steddfod bentref, wâc i bob man o fewn cyrraedd.

Dod fan hyn i drafod y tywydd fydden ni. Roedd y tywydd yn bwysig bryd hynny. Tywydd gardd neu glos. Pryd i dorri. I gywain. I gadw. Y gwres ac yna'r glaw. Roedd cael hwnnw yn ei dro yn bwysicach na dim. Ond dim gormod, serch hynny. Mae'n boddi yma heddiw. Gormod o law i hen afon fach y pentref. Rwy'n cerdded yr hewl er mwyn cael gweld drosof fy hunan. Mae pawb arall yn eu tai. Pawb yn cadw'n sych a gweld y cwbwl drwy grac y llenni. Neu'r telifision fawr neu'r sgrin fach. Cymdogion newydd. Pobol drws clo. Ond gweld drosof fy hunan fydda i. Mae hynny'n well na dim, coeliwch chi fi.

Diferyn. Mae hwnnw'n disgyn dros fy nhrwyn ac rwyf

innau'n mofyn y macyn mawr sydd gyda fi'n dwym ym mhoced fy nhrowser. Caf chwythu'n swnllyd am nad yw Lenora'r wraig o fewn clyw. Dim rhagor. Ei ailosod yn fy nghot fawr ac ysgwyd y diferynion o 'ngwar unwaith eto. Mae'r hewl wedi torri. Pant fan hyn a'i fola'n llawn dŵr segur. Y gwteri, mae'r rheini'n foliog hefyd. Dŵr brown yn rhedeg a rhacso o ben pella'r foel y tu cefn i'r pentref. Peth rhyfedd yw glaw. Mae'n feistr arnon ni i gyd yn diwedd.

BMW – dyna yw e, greda i. Rhyw ganllath lan yr hewl. BMW. Ie. Roedd elfen ceir arna i ers dyddiau'r garej top. Berchen a rhedeg honno tan i henaint ddweud wrtha i am beidio. Fynnwn i ddim gwrando, cofiwch. Ond dim ond mynd gyda'r dydd i sefyll gyda'r tŵls fydda i'n ei wneud erbyn hyn. Gweithio te i'r bois. Cael clywed y petrol a'r disel a'r oel ym mhig fy nhrwyn. Cael anadlu blas gwaith, er nad fi sydd â'r lle rhagor. Dwi ddim dan draed, medde fe'r perchennog newydd. Dim bob tro.

Mae'r glaw mawr wedi dod ag e i stop, y BMW, ac mae'r lodes benfelen yn weps ar y ffôn. Llynwen o ddŵr, a'r car yn ynys ddrud yn ei ganol. Does dim signal fan hyn chwaith wrth gwrs. Wel, pwy ddisgwyl iddo fod, â chraig yr hen gware o fewn poerad i'r lle. Rwy'n ei gweld drwy'r ffenest ac rwy'n mentro rhoi tap. Meddwl efallai ei bod heb sylwi bod yr hen injan fach wedi hyfed mwy na'i siâr o ddŵr glaw.

'You alright, bach?' meddwn i, a rhyw grygni yn fy llais am nad wy wedi ei ddefnyddio eto heddiw, heblaw i siarad â'r gath. 'You've flooded the engine?'

Cwestiwn. Ie, ond roedd hi'n ddigon amlwg mai dyna oedd hi wedi ei wneud. Naws gwell gofyn a gweud y gwir, nac iddi hithau lefen. Car newydd? Ie, wrth gwrs ei fod yn newydd.

Rwy'n ei chynghori i'w adael yn y man a'r lle.

'No chance. Car is finished.' Wedi bennu, lys. Wy'n gofyn am edrych o dan y bonet a'r dŵr glaw bron llanw fy welingtons. Cael pip. Ie, dŵr yn yr injan, fel o'n i'n amau. Mae'n rhestru wedyn yr holl bethau sydd ganddi i'w gwneud rhwng nawr a nes ymlaen.

'Meetings, emails, deadlines, dry cleaners.' Does ganddi ddim amser i fod yn segur, i fod heb gar. Dere i'r tŷ, wedes i wrthi yn y diwedd.

'Only down in the village.' Câi ddefnyddio'r ffôn.

Doedd iws o gwbwl iddi aros yn y car. 'Could be days before it's passable, by car.'

Dyw hwnnw'n mynd i ddim unman. Rwy'n twt-twtian ac yn ysgwyd fy mhen a theimlo'r trueni fod gymaint fel hon yn prynu ceir heb ddeall yn iawn sut mae gofalu ar eu holau. Dreifio drwy'r dŵr, men yffarn i. Mentro mas heb fod eisiau. Man gwlyb yw hwn, pawb yn gwybod hynny flynydde'n ôl. Dyn y tywydd wedi addo glaw, yn doedd? Ceir drud, cofiwch, dim rhyw siarabangs o bethau.

'Tell to me now, where you from?' holais yn diwedd wrth drepsan am adre'n groen gŵydd i gyd. Fy welis yn sgweltsh sgweltsh, er arllwys y rhan fwya mas. Sodlau sydd amdani hi. Dwy esgid menyw segur a rhyw ddillad ganol haf.

'Ieuan,' meddwn i. 'I'm Ieuan, and you are…?'

'Sophie.'

Mae'n enw neis, sai'n gweud llai, ond enw comic serch 'ny. Mynd i waco, medde fi wedyn. Peth diflas yw tawelwch rhwng dau. Felly rwy'n tynnu siarad wrth gerdded am adref drwy'r glaw. Hithau'n dweud mai dod ffordd hyn i osgoi'r hewl fawr, oedd eisoes wedi cau, roedd hi. Mae'r ffôn fach yn ei llaw o hyd a hithau'n mynnu cael honno i weithio, er bod hensyn fel fi'n deall bod dim signal yn beth cyffredin ffordd hyn. Y cryts ifenc sy'n cwyno pan fyddan nhw'n dod 'co i'r garej a finnau'n cadw'n nhin yn gras yn erbyn y gas heater – dyna sut rwy'n gwybod.

Mae'n gwlychu ac rwyf innau'n teimlo rhyw drueni drosti. Rwy'n cynnig y got fowr ac mae hithau'n rhyw hanner meddwl derbyn, cyn dweud,

'No, no, I'm alright.'

Dyw hi ddim yn edrych yn olreit, alla i weud wrthoch chi nawr. Sgert a rhyw damaid o got ddim gwerth siarad amdani. Colur wedi bwtso dan ei llygaid, a'i gwallt fel cwte llygod mowr. Mae'r ffôn yn cael mynd i'r bag yn y diwedd. Fawr iws iddi wlychu, tra ei bod yn arllwys y glaw o hyd.

Mae'n dod i'r tŷ a'i gwar wedi crymu. Rwy'n cynnig te iddi a brasgamu i'r gegin fach i hôl towel sychu dwylo. Mae'n dab-dabio'i hwyneb. Rwy'n cynnig stôl wrth y ford. Dyw'r lle ddim yn fowr, ond mae'n ddigon. Af i'r gegin ore a chydio yn y pocer bach ger y grat. Tynnu'r hen ffender a'r gard am yn ôl, cyn towlu plocyn neu ddou mewn i'r gwreichion. Pocrad fach eto a chlywaf y gwres yn llanw'r mantlpîs. Rwy'n tynnu dwst yn sgaprwth gyda'm llaw, dim ond rhyw gornel ohono. Caiff y rest fod i ddala'r gwres. Te. Ie. Rhoi pwt i din tegil a mestyn i'r ffrij am y botel laeth fach. Rhof sniff, cyn ei harllwys i'r cwpan gore.

Mae Sophie angen y ffôn. Wrth gwrs, wrth gwrs, ac mae'r RAC yn addo dod i'w hachub. Dynion dieithr yn dod. Cyn nos.

Rwy'n mynd i'r llofft i nôl dillad. Dillad Lenora. Cardigan, ie, bydd hon yn gynnes. Pâr o slipers hefyd, rhai newydd mewn bocs. Bocs sêl. Eu prynu i fynd i'r sbyty. Rhyw ddillad 'rhag ofn', yndyfe. Mae Sophie yn codi ei thrwyn arnynt i ddechrau a chrynu cyn eu derbyn. Dyw dillad gwlyb yn llesol i ddim, dim ond i ddala annwyd. Mae'n magu'r cwpan te fel 'se'r gwres yn ddigon i'w chadw'n dwym. Rwyf innau'n troi'r hen lwy tan i'r sŵn dynnu'r sylw oddi ar y tawelwch rhyngom. Rwy'n mynd i newid.

Busnes sydd gan rai. Diddordeb sydd gen i. Ro'n i'n meddwl ei fod yn handi i gael gwybod peth o'i hanes. Gŵr? Dim gŵr? Na, dim gŵr. Dim plant? Na, dim plant? Byw yn lleol? Na, ddim yn lleol. Ac am ryw awr mae'r glonc yn mynd yn ôl ac ymlaen, yn ôl ac ymlaen rhwng pip ar y watsh a phip ar y cloc. Mewn limbo. Amser yn aros. Rwy'n cynnig y gacen yng ngwaelod y tun. Rwy'n rhannu'r dropyn olaf o laeth yn y botel i un. Te 'to? Rwy'n gwrando ar y colsyn glo yn disgyn i waelod y grat ac mae Sophie yn nillad Lenora a'r glaw yn ei morio hi'r tu fas.

Corned beef? Cynnig tamed rhwng crwstyn wnes i. Hwnnw a bach o sos brown am ei ben. Mae'n maldodi'r cwpan yn lle derbyn ac rwy'n gwybod yn iawn mai sŵn ei bola hi oedd yn galw. Mae'n codi yn nillad Lenora. Croesi'r carped. Yr hen gardigan a'r slipers sbyty. Rwyf innau'n troi'r got fawr dros gefn y stôl i'w sychu ger y tân.

Mae'n sefyll wrth y ffenest ac yn gwylio'r glaw yn golchi dros yr hewl. Edrycha i weld a oes cewc o'r dyn RAC. Does 'na ddim golwg ohono. Dim golwg o neb, ond y glaw diddiwedd yn nadreddu o bafin i bafin. Llynnoedd yn cronni a dim sôn am saib. Rwy'n sôn wrthi am y glaw mawr flynyddoedd yn ôl. Rhyw hanner canrif erbyn hyn, mae'n siŵr. Hanner canrif hir.

Glaw mawr. Glaw du a'r cymylau'n galaru dros y caeau. Yr hewlydd yn afonydd. Y cwm wedi'i gloi. Neb yn dod mewn a neb yn mynd mas. Gwêl hithau'r afon at ei glannau, y bont yn garped gwlyb ac rwyf innau am gyfnod yn gweld Lenora. Yn dal ac yn denau. Ei dwylo'n nythu ym mhocedi'r gardigan, ei thraed yn glyd yn y slipers sbyty. Lenora a'i bola'n bêl. Yn llawn addewid. Ein cwmni bach cyntaf. Plentyn. Pwrpas. Gwelaf wedyn Lenora'n geni. Methu geni. Oriau o fethu. Dyddiau. A'r afon yn llenwi, yr hewlydd yn cau a gartref yn garchar yn y glaw.

6. MAN GWYN MAN DRAW

O DAD, MAE OFN ARNA i. Mae arna i gymaint o ofn fel nad wy'n gallu teimlo dim ond y cwlwm 'ma mewn fan hyn. Rwy'n tynnu fy anadl i mewn, fel wnaethoch chi ddweud wrtha i am wneud. Rheoli fy hunan. Rheoli fy ofn. Fel dyn. Ond alla i ddim digoni fy nghalon. Alla i ddim anadlu. Arswyd. Arswyd, Dad, o pam na ddethoch chi gyda fi? Cuddio fel llygod bach yn y gwair. Ond nid llygoden ydw i. Dwi'n grwt deg oed ar antur i'r Man Gwyn. Fi a Hunanol, Rhannwr, Sibrwd a Mam Sibrwd. Mae'r lle 'ma'n drewi. Mae'r bwced yn y gornel bron yn llawn yn barod. Ofn sydd arnyn nhw 'fyd. Dost. Poeni. Gofidio. Mae'r lle 'ma'n rhy gyfyng i bump.

Allwn ni ddim mynd mas. Mae'n rhaid i ni guddio. Mae'r drws wedi ei gau, a'i gloi o'r tu fas. Bocs i gario pethau, nid pobol, yw hwn. A dwi'n eistedd fan hyn yn teimlo anadl y gweddill. Anadl gynnes, sur. Anadl ceg sych.

Mae'r bocs yn symud. Wedodd Dad y byddai'n symud am o leia dridiau. Tridiau hir o fynd yn ddisymud. O hiraethu am Mam a'r gweddill. Ond does dim iws meddwl am y gweddill. Wedodd Dad mai cyfle oedd hwn. I ddechrau eto. Wedodd e mai fi oedd yr hedyn bach fyddai'n gorfod tyfu o'r newydd mewn gwlad newydd. Wedodd Dad i feddwl am y tir. Tir newydd. Tir glân. Yn hwnnw mae'n rhaid i fi dyfu, er mwyn i ni i gyd dyfu. Ein teulu ni. A byddan nhw i gyd fyw, ond i fi fyw. Wedodd Dad wedyn byddai'n rhaid i fi gadw'n gryf. I beidio llefen. Dwi ddim yn mynd i lefen. Dim hyd yn oed os yw fy mola i'n wag a 'nghalon i'n teimlo pob twll yn yr hewl. Teimlo pob ochenaid a ddaw oddi wrthyn nhw, draw fan'na yn y tywyllwch, fel dwrn yn fy nghylla.

Mae arna i eisiau bwyd. Mae eisiau bwyd ar bawb. Mae fy mola'n galw. Mae'n ogof ddu mewn yno a'r waliau bob ochr yn adleisio bod eisiau bwyd. Mae fy nghroen yn rhy dwym. Fy nghefn yn glynu at fy nghrys. Dim ond fi sydd yma o 'nheulu i. Mae'r gweddill wedi aros ar ôl, am nad oedd digon o arian gan Dad i dalu amdanon ni i gyd i fynd. I ddianc. Fi ga'th fynd. Dwi'n fachgen iach. Mae bechgyn iach yn fwy gwerthfawr wedodd Mam, ac mae fy chwiorydd yn derbyn hynny. Adre. Byddai'n braf cael bod adre.

Mae'r fenyw draw ochr arall y bocs 'ma'n disgwyl babi. Mae'n sâl. Mae merch fach gyda hi. Fe'u gwelais i nhw wrth ddod i mewn. Merch tua phump a mam sy'n hŷn na'i hamser. Liw nos oedd hi, ac roedd hi'n siriol bryd hynny. Esgus, mae'n siŵr, rhag iddyn nhw ddweud na fyddai'n cael dod – am ei bod yn glaf. Mae hi'n gwrthod y dŵr. Does dim digon i bawb ta beth. Mae'n sâl ac yn llonydd ar ei gorwedd ben pella'r bocs.

Ddoth Mam â'r batris i fi, i'w rhoi yn y dortsh 'ma. Ei chael ar gyfer y siwrne wnes i. Mae'n rhaid i fi gofio ei diffodd, er mwyn cadw'r batris tan bod wir eu heisiau. Pan oeddwn i'n iau dwi'n cofio eu gwastraffu wrth chwarae car bach rownd llawr y gegin. Ond roedd hynny pan oeddwn i'n fach. Pan oedd fy chwiorydd yr un mor werthfawr â fi. Dad ddwedodd wrtha i am gario'r gyllell, jyst fan hyn, a chadw'r arian oddi wrthyn nhw tan fod dim ar ôl i'w wneud ond rhoi mewn.

Dwi'n gwisgo'r jîns pen-blwydd 'ma a'r got ges i gan Mam-gu adeg Dolig ddwy flynedd yn ôl. Un ail-law yw hi. Mae'n hen. Ond mae'n newydd i fi. Mae'n gynnes. Rhy gynnes i fod yma yn y bocs. Ond mae arna i ofn ei thynnu rhag i rywun ei dwyn. Ges gornel o'r dorth fara. Fe draw fan'co gyda'r farf fach. Fe yw'r Rhannwr. Mae e'n deg, er yn ddiamynedd. Dwi ddim fod i'w drystio. Wedodd Dad wrtha i am ofalu nad wy'n gwneud hynny.

Does gan neb dosturi ragor. Does neb yn bwysig ond yr hunan. Mae'r dyn pen draw yn Hunanol. Hunanol yw ei enw i fi. Fe weles i fe'n stwffio'r afal bach 'na i gyd i'w geg. Mae'r ferch fach gyda'i mam yn edrych arno, dwi'n dychmygu. Y ferch fach a'r fam glaf. Y fam feichiog. Efallai ddylai hi ddim fod yma yn ein plith. Ddaw dim gwella iddi. Dwi wedi gweld hynny o'r blaen. Ond does neb yn gweld llawer yn y tywyllwch. Dim ond clywed a dyfalu yn ôl sŵn y crensian. Mae'n rhaid mai afal oedd e. Afal bach, fel un o goeden yr ardd. Nid un o siop. Afal gyda chlwyf falle, lle mae'r brigyn wedi creithio'r croen wrth dyfu. Gadael crac yn y pil fel gwddwg un o'r Diflanedig.

Fe welais i'r ferch fach ar y ffordd mewn. Roedd hi'n cario cwdyn o Tescos. Cwdyn am oes. Doedd dim byd ynddo ond poteli dŵr. Rhai gwydr. Mae'r rhai gwydr yn para, ond i chi beidio â'u gadael i gwmpo. Does dim boteli plastig. Eironi yw hwnna, medde Mam. Glanhau'r byd o un llygredd dim ond i'w lanw â llygredd gwaeth. Mae popeth wedi diflannu. Yn araf bach i ddechrau, wedyn fel ton. Yn y môr mae e, wedodd Mam. A ninne'n baddo ynddo am ei bod hi'n ddiwrnod braf. Mae'r dŵr poteli gwydr yn frwnt, siŵr o fod, er eu bod nhw'n edrych yn lân.

★

Mae'n rhaid i fi fynd i'r tŷ bach. Ond dwi ddim eisiau mynd o flaen y gweddill. Dwi ddim eisiau, ond dwi wedi dala tan i fi deimlo'n hunan yn dost tu fewn o eisiau mynd. Dwi'n rhoi'r golau mlaen am damaid. Gwasgu'r botwm ar y dortsh ac mae'r gweddill yn dihuno. Maen nhw'n edrych arna i fel pe bawn i wedi eu deffro o ryw feddyliau gwell na bod yn gaeth mewn bocs ynghanol rhywle nad yw'n gartref. Llygaid yn llawn glaw a chymylau. I ble aeth yr haul?

Dwi'n gwbod ei fod e fan hyn yn rhywle, gan fod ei ddrewdod wedi bod yma ers deuddydd. Alla i ddim â'i ddioddef. Dwi'n plygu ato ac mae arna i eisiau diflannu. Dwi'n gwbod bod pawb yn gwrando a dim ond fy sŵn i, a sŵn Hunanol yn grwgnach am y drewdod a'r ferch fach yn holi ei mam am fwyd, sy'n cuddio'r cwbwl. Mae'r fam yn fud. Sŵn y bocs yn symud ar hyd yr hewl ddiddiwedd a fy sŵn i...

Dwi'n cwpla ac mae fy llaw yn ailosod y clawr dros dro ar dop y bwced. Mae fy stumog yn corddi. Dwi'n teimlo'r chwyd yn codi, codi a disgyn. Llyncu'r cyfan a chamu'n ôl i'm cornel. Ailosod fy nghoesau'n syth ar draws y llawr caled. Dwi'n eistedd ar ben rhyw ddarpolin, mae e'n drewi fel ffarm. Disel, dwi'n credu. Dwi'n cofio'r drewdod hwnnw ers pan oeddwn i'n fachgen bach, bach. Byddai'r hen ŵr lan yr hewl yn arfer drewi fel'na, ond does dim ots, does dim un cysur yn yr atgof hwnnw nawr.

Dwi'n troi, cosi blaen fy nhalcen, rhwbio fy llygaid a

difaru nad oes yma ddŵr glân i folchi. Yna dwi'n clywed y Rhannwr yn sibrwd, sibrwd. Mae'n gweddïo, dwi'n credu. Rhywbeth am dir glân a digonedd. 'Achubiaeth… cadw ni rhag niwed… O Dduw, O Dduw…' Ac rwyf innau'n meddwl y geiriau hefyd. Mewn fan hyn yn fy nghalon. Eu troi nhw drosto a throsto fel bod mewn gwasanaeth ysgol. Twmblo'r geiriau fel taflu pêl yn erbyn wal. 'Nôl a mlaen. 'Nôl a mlaen. Gweddïo dros Mam a Dad a'r gweddill sydd ar ôl, adre, heb ddim byd ond y llygredd i lanw'u boliau. Cawsom ein twyllo. Bob yr un. Mae e'n dweud rhywbeth wedyn am y gallu i gadw fynd… cadw fynd… ac am gael anadlu. Dwi'n cofio gweddïo flynyddoedd yn ôl am iPhone. iPad hefyd. Byddai bwyd yn ddigon erbyn hyn. Bwyd yw pob dim. Bwyd a dŵr. Dŵr glân. Dŵr glân. Cysgod.

Mae'r fam yn ymuno yn y gweddïo. Ond mae ei geiriau hi yn llawn dagrau. Yn llawn hiraeth a dolur, a'r ferch fach yn wan o eisiau bwyd. Fuodd erioed eisiau bwyd arna i tan i'r düwch ddod. Mae'r tri ohonon ni'n meddwl, mwmian meddwl y geiriau. 'O Dduw, o Dad, O…' Ond dyw Hunanol ddim yn hoffi'r sŵn. Mae'n dweud wrthon ni am dawelu. Rhegi bod Duw wedi hen farw ac mai marw fyddwn ninnau os na wnawn ni gau ein pennau. Chwalu'r cysur gyda'i eiriau cyllell. Dwi'n rhy fach i frwydro. Mae e'n fwy na fi.

Roedd Dad yn cofio'r cwbwl. Y gwaith yn gadael. Y gweithwyr. Y gwacter ar y strydoedd a'r diffyg. Doedd neb ar ôl i ddadlau. Dim ond dynion y mynyddoedd a'r rhai oedd yn Deall y cwbwl. Nhw oedd yn fodlon derbyn y düwch am nad oedd dim arall oedd yn talu. Nhw gladdodd e yn y pridd. Ei gladdu yn y môr hefyd. Ein claddu ni gydag e. Troi'n cartre yn uffern. Ond fentrodd Dad ddim dweud gan mai dim ond un nad oedd yn Deall oedd e. Roedd y Deall, wrth gwrs, wedi prynu eu tocynnau o 'ma ers misoedd gan fod y düwch yn hael bryd hynny. Mynd i'r Man Gwyn. Dianc. Ond i Man Draw aeth y gweddill. Does neb yn dod yn ôl o'r fan honno. Roedden nhw'n gweld y diwedd yn dod ar ôl ei dderbyn. Ond roedd hi'n rhy hwyr erbyn hynny. Rhy hwyr i ni. Ac er i Mam golli, ac er i'm chwiorydd golli eu gwerth, ac er i Dad grafu byw yn y pridd brwnt, doedd Dad heb ddeall digon i ddweud nad oedd arian yn gallu prynu awyr iach. Dim ond dyn y pridd oedd e. Does neb yn gwrando ar y rheini.

Mae'r bocs yn stopio. Brêcs yr olwynion yn cydio'n sgrech. Mae'n siŵr ein bod wrth y ffin erbyn hyn. Ai hwn yw Purdan? Neu dim ond Annwfn arall? Mae'n rhaid ein bod ni'n agos. Dwi am godi ar fy nhraed, ond mae Hunanol yn gorchymyn i bawb gadw'n dawel, i gadw'n ôl o'r drws. I gau ein pennau os ydyn ni am fyw. Mae'r fam yn llefen eto, ymbilio am awyr iach, am lonydd o'i hartaith, a'r ferch fach yn galw amdani. Ddaw hi ddim draw ata i er i fi ddweud bod gyda fi chwiorydd. Adre.

'Mae gyda fi chwaer yr un oed â ti,' medde fi wedyn gan gofio fy chwaer fach yn ddisymud, yn ddelw. Ond does gan y ferch fach ddim i'w ddweud, dim ond gofyn am fwyd. Mae'r Rhannwr yn codi hefyd. Codi'n drwsgwl fel hen ddyn er nad yw e'n fawr mwy na fi. Ond Hunanol yw'r bòs. Hunanol yw'r bòs bob tro.

'Cer 'nôl. Cer i eistedd a chadwch chithe'n dawel,' medde fe wedyn a dwi'n drysu eisiau gwbod ble y'n ni. Eisiau gwbod ai nawr y dylwn i dynnu'r gyllell fach o'i lle. Ai nawr y dylwn i dynnu'r aur o'i guddfan yn leinin fy nghot. Modrwy fy mam ac un fy mam-gu. Ond wedodd Dad wrtha i am aros. I beidio ofni. I gofio bod ei frawd mawr e'n aros amdana i draw yn Nhir Neb, ac mai dim ond gwrando a dilyn sydd raid imi wneud. Bachgen bach yn gwrando. Bachgen bach yn gwneud. Ond dwi ddim yn adnabod neb, a does dim sôn am ddyn yr Addewid. Hwnnw gymerodd y darnau aur i gyd wrth Dad.

Ond ble mae Tir Neb? Wela i ddim ond drws. Dwi'n nodio. Dwi'n cofio wyneb Dad a'i law ar fy ysgwydd i'n cydio'n dynn. Mae gwefus Dad yn crynu a'i lygaid yn dyner galed. Dwi ddim am siomi Dad. Falle caf ddweud wrtho wedyn, nad wy wedi ei siomi. Falle caf i. Fel mynd ar drip a dod 'nôl cyn swper.

'Cadw'r gyllell yn dy boced. Cofia di, mynd i weithio wyt ti, i ennill dy damaid. Dysga eu hiaith a dysga hi glou. Gwna'n fawr o dy gyfle.'

Esgus yw gobaith Dad. Mae'n crynu a dwi moyn dweud wrtho nad wy moyn mynd. Beth os bydda i farw?

'Marw fyddi di yma, ta beth,' medde fe, fel pe bai wedi darllen fy llygaid. Dwi ddim yn llefen. Dyw dynion bach ddim yn llefen.

Mae cylch bach. Twll yw e. Twll allwedd yn y drws?

Falle. Neu hollt. Mae'n edrych fel twll i mi, ond mae fy llygaid wedi blino ac mae'r tywyllwch sydd ymhob man yn llanw sêr fy llygaid a'u diffodd damaid bach. Ond alla i ddim cysgu. Mae'r haul wedi codi a chwato drwy'r twll ers tridiau. Felly mae'n ddydd Mercher, siŵr o fod. Mae Hunanol yn rhoi ei lygad i gau'r twll. Mae e'n edrych i weld pam bod llonyddwch yn ein cadw ni yn ein hunfan. Mae'n parado'n ôl a mlaen. Codi. Eistedd. Pwyso ei gefn yn erbyn y drws. Fe pia'r drws. Fi pia'r gornel. Rhannwr pia'r wal chwith a'r fam a'r ferch pia'r gweddill. Y gornel glaf. Y gornel tŷ bach. Lle mae'n drewi. Codi eto a sefyll i gau'r twll bach oddi wrthon ni. Efallai bod awyr iach draw fan'na?

Daw sŵn. Sŵn dyn. Sŵn dynion. Iaith. Iaith ddieithr. Alla i ddim deall. Mae'r Rhannwr yn deall. Dyn da yw'r Rhannwr. Mae'n dweud wrth Hunanol bod angen i ni gwato. Dyw'r dynion y tu fas ddim yn trafod, ond mae pawb yn deall dadl, sdim ots ym mha iaith mae hynny. Cylchoedd traed. Cylchoedd cyflym yn clwyfo'r pridd. Sŵn yn brwcso'r cerrig mân. Sgathru. Cylch y twll yn cau a'r drws yn agor. Parlysu fy llygaid di-sêr. Mae'r gyllell 'da fi'n barod. Fy nwrn yn garreg amdani.

Allwn ni ddim mynd mas. Mae'n rhaid i ni gyrraedd Tir Neb. Mynd drwy Burdan… Deuddydd, tri, cyrraedd Man Gwyn, dyddiau, ie, dyddiau wedodd Dad ac fe fyddwn ni yno. Ym Mharadwys y chwedlau. Mae arian Dad i gyd fan hyn. Pob ceiniog o'i eiddo. I brynu iechyd i fi. Prynu cornel o baradwys. Rhaid i ni guddio. Rhaid i ni gyrraedd. Does dim troi'n ôl.

O, am gael awyr iach!

7. MAMA

MA GYDA FI BÂR o sliders. Mama'n galw nhw'n fflip-fflops, ond sliders y'n nhw. Sliders ma'r plant yn yr ysgol i gyd yn eu galw nhw hefyd. Sliders. Ond fflip-fflops y'n nhw i Mama. Rhai plastig du gyda streips gwyn ar y top. Fel'na ma Mama. Ma ddi'n meddwl bod hi'n gwbod beth sydd ore i fi… ond so ddi yn. Wy'n gwisgo nhw gyda sane achos ma fy nhraed i'n oeri, ac ma Mama'n dweud bod eisiau torri ewinedd fy nhraed. Dwi ddim yn lico gwneud. Ma'r sanau'n dod lan hyd at hanner fy nghoese ac ma fy sgert jyst â bod yn cwrdd â nhw. Jyst â bod. Wy'n lico'r polo nec hon. Mae'n dew. Mae'n gynnes. Un Mama oedd hi. Mae hi'n dweud bod yn rhaid i fi wisgo fel hyn er mwyn peidio cael annwyd. Wy'n dwym, ond wy'n gynnes.

Ges i lun da… ohono fe. O'dd e ddim yn gwbod bo' fi'n pipo, so nhw fod gwbod bo' chi'n pipo, nad y'n nhw? Ond fel'na mae'n gweithio, achos mewn fan hyn... doctor yn deall... mewn fan hyn ma fe'n neud sens. Mama'n gweud bod hawl gyda fi i gael ffôn rhag ofn fydda i wedi colli'r bws. Ma fe'n hala fi i bipo. Ma Mama'n gweud bod e'n rong. Ma Mama'n gweud bod popeth yn rong. Ond dim ond Mama yw hwnna. Ma fe'n meddwl bod e'n ocê. Achos sai wedi gweud wrtho fe 'to. Jyst tynnu ambell lun ohono fe, ife? Pan ma fe'n meddwl yn y parc. Neu pan ma fe'n eistedd yn y caffi yn hyfed coffi gyda'i fêts e. Menyw yw un o nhw. Ond so fe'n caru ddi. Jyst esgus ma fe. Fi'n gwbod lot ambiti fe. Lot fowr. Gwbod lle ma fe'n byw. Lle ma fe'n gweithio. Beth ma fe'n neud ar weekends.

Ac un tro – noson cyn Nadolig – o'n i moyn iddo fe wbod bo' fi'n gwbod beth oedd mlân gyda fe. O'dd Mama wedi mynd at y menywod yn yr Eglwys, gweddïo, addoli, a chanu sol-ffa ac o'n i fod peidio twtsh â dim byd a chadw'r drws ar glo. Dim ond ffono 'nes i a holi i gael siarad gyda fe. Ond roedd rhyw bitsh yn gweud bod e ddim 'na. O'n i moyn gweud bo' fi'n gwbod bod e 'na, achos bo' fi'n nabod e'n rili dda. Gwbod bod ei gar e mas tu fas a bod e mewn yn y tŷ ers dwy awr a bach. Fi'n nabod e a ma hawl gyda fe i wbod bo' fi'n nabod e. Nabod e ers blynydde rili. Teimlo fel'ny. So wedes i wrthi bo' fi moyn siarad gyda fe ac os na fydden i'n cael siarad gyda fe, fydden i'n ffono'n ôl a 'nôl a 'nôl. O'n i ddim yn gwbod beth o'n i moyn gweud wrtho fe, ond 'sen i'n cael clywed ei lais e wedyn bydde'r geirie'n dod… yn bydden nhw… o rywle. Hangodd hi lan arna i yn diwedd. O'dd hi'n swno'n emosiynol. Llefen yn ei llais hi a bach o weiddi. Fi'n lico clywed hi'n gweiddi. Ma 'na'n meddwl bod hi'n ame fe. So ddi'n gwbod pwy dwi, ond fi'n gwbod yn iawn pwy yw hi. Ei deulu esgus e yw hi.

Ma fe'n mynd i'r gwely tua hanner awr wedi deg, achos ma fe'n gweud hynny ar Facebook. Fi hefyd yn gwbod bod e lan tua saith fel arfer achos pan ma fe'n dihuno ma fe wastad yn tsieco beth sydd mlân. Fi'n nabod rhai o'i ffrindie fe hefyd. O'dd e siŵr o fod yn meddwl bo' ni'n ffrindie hefyd achos na'th e adio fi, jyst fel'na. Dim fi o'dd yn y llun. Ond rhywun tebyg i fi. Ma hi'n bert. Ac ma hi'n denau.

Ma pilipalas yn hala fi'n grac. Ma un fan hyn nawr, yn

hedfan rownd ar bwys y ffenest. So nhw beth ma nhw'n gweud, y'n nhw, a sai'n lico 'na. 'Sen nhw'n aros fel o'n nhw, fydde neb yn eu lico nhw. Ma Mama'n gadael i fi gasglu nhw a'u rhoi nhw mewn potyns jam ar sil ffenest fi. Ma lôds gyda fi nawr achos ma Mama yn lico jam. Ma un pilipala ym mhob pot. Sai'n gweud wrth neb bod nhw 'ma, jyst Mama. Dyw Mama ddim yn lico pethe pert chwaith. Ma hi'n gweud bo' nhw'n tynnu trwbwl. Pobol wastad yn ffansïo pethe pert. Dim ond sarnu ma pethe pert. Falle bod Mama yn iawn fan'na. Ond dyw hi ddim yn iawn am bopeth.

★

O'dd e fod i gwrdd â fi am hanner awr wedi tri. A nawr fi'n rili grac achos ddaeth e ddim. O'n i'n hofran tu fas ei stafell e, am oese, a wedes i yn y diwedd bo' fi wedi ca'l digon o aros: 'Sai'n aros mwy, ma feelings gyda fi 'fyd.' O'n i'n fflico llyged fi lan a lawr y coridor ac yn trial peidio bwrw pen y mop yn erbyn y sgyrtins yn gas, achos ma bòs fi'n gweud bod hynna'n rili bad cleaning, a sai moyn row 'to. Fe fennes i hwfro rownd ei stafell e a gwacáu'r bins. Fe roies i ei feiros e'n deidi 'nôl yn y bocs gwyrdd ar y ford. Sychu sgrin ei gompiwtyr (er bod feirws arno fe, siŵr o fod), a sbreio fe wedyn gyda stwff lladd jyrms. Fi'n sychu fe wedyn yn lân i gyd iddo fe. Rili lân a sheini. Fel fi fod. Fe dynnes i'r chewing gum off o dan y ford. Dim ond iddo fe wy'n neud 'ny, achos fi'n gwbod bod e'n gwbod bo' fi wedi neud e iddo fe. Achos amser Dolig adawodd e focs o sioclets i fi. Bocs bach ond bocs ffein. Ma fe'n agor ei ffenestri hefyd, er mwyn i fi gael eu cau nhw. Llyfre. Wy'n twtsh â'r llyfre a gwasgu un llyfr drwg 'nôl rhwng y lleill ar y silff. Llyfre drwg y'n nhw i gyd. Rhai hen â'r tudalennau wedi troi i gyd. Ma llunie cas ar y clawr. Ma nhw wedi eu sarnu, am eu bod nhw'n ddrwg. Ar y llawr ma fe wedi anghofio ei sgarff, ac rwy'n pipo biti'r lle cyn rhoi ddi mewn yn y bin liner glân. Fydda i ddim yn ei rhoi ddi yn y rybish gyda'r cwdyn arall. Fydda i ddim.

Fe ddilynes i fe i'r car hefyd unwaith. Helpes i fe i gario llyfre'r plant mewn i'r bŵt ac o'n i ddim yn gwbod bod e'n lico cerdded, tan i fi weld ei walking boots e'n y bac. Stwff campo hefyd. Seis naw o'n nhw. Cot las gyda Trespass neu rywbeth fel'na ar y fraich. Ma'r car yn smelo fel strawberries. Ma Mama'n lico strawberries a fi'n lico strawberries. Ma fe'n gwbod fy enw i, a dyna beth sydd yn cyfri i fi.

★

Fi wedi bod yn yfed. Ma'r doctor yn gweud bo' fi ddim i fod yfed a bod ar y tablets. Mama'n gweud hynny hefyd. Gweud bo' fi'n pechu 'to… pechu am feddwi. Ond sai'n becso rhagor achos ma fe'n gwbod bod e ffili trin fi fel'na. Ma fe'n foi neis a 'na pam fi'n hoffi fe. A 'na pam fi moyn iddo fe wbod pwy ydw i. Ma fe'n gwbod shwt ma parchu pobol ac o'dd e ddim i fod priodi, nag o'dd e! I mean, ma fe'n gwbod shwt fi'n teimlo, achos fi wedi edrych arno fe'n pipo ac ambell waith sdim ise geiriau, oes e? Bydd e'n difaru am hyn. Pan ddaw e'n ôl o'i honeymoon, bydda i'n sefyll fan'na yn y coridor, ar bwys dosbarth e, yn esgus mopo, yn esgus helpu un o'r plant bach i wisgo cot a bydd e'n gwbod bod e wedi neud mistêc… achos fi yw ei fam e a dyle fe fod wedi gweud wrtha i gynta.

Ma Mama'n gweud mai dim mab fi yw e. Mae'n

hala'r doctor i weud hynny hefyd. Ma'r doctor yn gofyn iddi os odw i wedi bod yn cymryd y tabledi'n iawn. Dyw e ddim yn gofyn i fi. Sai'n lico'r doctor 'na. Fe sydd yn gweud celwydd, dim fi. Fi'n gwbod... er bod e a Mama'n gweud bo' fi ddim yn gwbod dim byd. Wedes i wrthyn nhw bo' fi'n nabod ei lyged e. Dim llyged y doctor, ond llyged e, mab fi. Wedon nhw shwt allen i? Shwt allen i wbod dim byd achos bo' fi'n rhy dwp i wbod unrhyw beth. Ma blynydde ers 'ny, wedodd Mama. Ond fi'n cofio. O'dd y doctor yn edrych yn drist bryd hynny, arna i. Ond doedd hi ddim. Roedd llyged Mama'n gas ac yn gweiddi tu fewn iddyn nhw. Sgrechen hefyd. Fel crac a dolur a beth ma Mama'n galw'n 'cwilydd'. Cywilydd yw e ambell waith. Ond ma Mama'n hêto'r gair 'na yn fwy na dim un gair. Yn fwy na 'manteisio' neu 'siomi.' Ond llyged mab fi o'n nhw ac o'n i'n nabod nhw... achos pan o'dd e, dyn drwg, yn crogi gwddwg fi o'r blân, pan o'n i'n deidi ac yn lliwie pilipala bach... pan o'dd e'n crogi fi fel 'se fe ise lladd llefen fi, stopo fe rhag dod mas o gwddwg fi... o'n i'n gwbod bryd hynny shwt rai o'dd ei lyged e. Cylche bach du mewn cylche bach brown. A ma llyged y ddou yr un peth. Wy'n gwbod 'ny, Mama. Wy'n gwbod 'ny. Llyged fe a llyged mab fi. A symo fi wedi camddeall hynny.

8. TÂN

Nawr stop! Wow! Wow! Arhoswch i fi ga'l siarad. Naaa. NA! Gadwch i fi weud. Gadwch... wow! Na.

Sai am i chi feddwl y gwaetha ohona i. Damwain oedd hi, 'na i gyd. Rhowch eich dyrnau i lawr ac fe gewn ni siarad yn gall.

Os oes unrhyw sens yn eich pen chi, fyddech chi'n callio. Callio a meddwl. Wow! Wow! Nawr, peidiwch! Peidiwch, wedes i. Ha, ha, dyw e ddim yn neud dolur i fi. Ha! Allwch chi ddim neud dolur i fi, sdim ots faint fwrwch chi fi.

Chi'n gweld, y gwir amdani yw...

Na! Peidiwch chi â 'mygwth i. Alla inne boeri 'fyd, reit yn ganol eich wyneb chi. Do'n i ddim wedi bwriadu i hyn ddigwydd, ond os chi'n mynnu chwarae gyda thân, wel, ma siawns go dda i chi gael eich llosgi.

Arhoswch! Peidiwch mynd, gadwch i ni drafod pethe. Do'n i ddim yn meddwl beth ddwedes i, amdanoch chi a… Barry… jyst, mae'n anodd, reit. Mae'n anodd i finne hefyd dderbyn bod pethe wedi newid. Dyw e ddim yn hawdd arna inne chwaith, cofiwch.

Symud mas. Mynd â jyst bag o stwff. Sa fi ddim un man i fynd. Ble y'ch chi'n disgwyl i fi fynd? Hy? Ble dwi fod i fynd nawr, e? Wy wedi *bod* gydag e. O'n i'n cysgu ar y cowtsh. Ond wedodd e bo' fi'n mynd â gormod o le.

O'n i'n lico bod gartre gyda chi. Cael mwy na blydi Pot Noodle i swper. Ie, fi'n gwbod. Ond fi'n gwerthfawrogi fe nawr, ocê. Fi yn. Fi yn.

Peidiwch. Peidiwch â'i weud e. Pam bod rhaid i chi olchi'ch dwylo ohona i? C'mon, Mam. Jyst un cyfle arall. Chance bach. Last chance arall. 'Na i stopo, reit. 'Na i ga'l help. Fi wedi ei neud e o'r blân, a galla i neud e 'to. Fi'n cael help. Ie, ac fe gymra i fe tro 'ma. Os byddwch chi'n gefen i fi. I *fi* am unwaith a dim yr hen ddiawl 'na. Ocê, sori. Barry. Ie, I know Barry's been good to me. Fe gymra i e o ddifri'r tro 'ma, reit. Fi'n addo, addo… Addo, Mam.

Sai'n lico mewn fan hyn. Ma nhw i gyd yn *freaks* a *weirdos*. Ma rhai o nhw'n completely messed up. Sai fel 'na, ydw i, Mam? Ti'n gwbod sai'n gallu cysgu ond gydag un llygad ar agor, achos hec, ma nhw'n nyts, rhai o nhw. Rhai o nhw'n mental hefyd. Staben nhw ti given half a chance. Y staff, ma un yn olreit. Y rest yn total control freaks. Allen i ga'l un o nhw. Chop him up, feed 'im to the dogs... Hah!... Ond sai'n lico nhw. Ma nhw'n rhoi drygs yn bwyd fi, onest nawr, trial lladd fi, so sai'n byta fe ragor. Jyst crafu bach o'r ymylon, ife? Rhywbeth yn od am y dŵr hefyd. Tasto'n ffyni. Dŵr hosbital yw e.

Ti'n gallu dod â rhywbeth mewn i fi? Y? Tro nesa?

O, c'mon! Fi wedi gweud bo' fi'n sori. Damwain oedd e, jyst mistêc... Ie, fel fi... Diolch, Mam. Jyst beth o'n i'n moyn clywed.

Mae'n gwneud i fi deimlo'n gryf, in control, do'n i ddim yn disgwyl i neb ga'l dolur. Ond wel, fi'n neud dolur, so pam ddim nhw. Pam ddim nhw, Mam? Nhw a'u teulu bach perffeth. Mor blydi berffeth. Pam so ni fel 'na, hy? Ma nhw'n byta swper gyda'i gilydd. Wy wedi gweld nhw, drwy'r ffenest. Ha. Chi'n gwbod, byta fe ar y ford, pawb yn siarad â'i gilydd... 'How was your day, honey?' siŵr o fod, ac yn siario'r bwyd mas. Fel cinio dydd Sul bob dydd. Carots a propyr sbyds. Ma fe, dad nhw, yn iste ar top y ford a nhw y plant i gyd yn iste yn yr un lle bob nos. A ma'r fam – credu mai hi yw'r fam – ma hi'n dod mas â'r bwyd i bawb, ac ar y diwedd, wait for it, ma nhw i gyd yn helpu clirio'r ford! I know, imagine that... Clirio'r plate, crafu'r bwyd i un plat, cario nhw'n ôl i'r gegin a ma'r ferch 'ma, mae'r un oedran â fi, 'di gweld hi'n ysgol, stuck up bitch, mae'n dod mas â chlwtyn ac yn sychu'r ford cyn rhoi'r bowlen ffrwythe 'nôl yng nghanol y ford fel o'r blân. Ac wedyn ma nhw'n... darllen! Ma'r rhieni'n darllen gyda'r sbrogs bach. Ie, fi'n gwbod, darllen, sbrogs bach yn iste ar bwys y ford gyda'u tad nhw, neu unwaith, o'dd y fam yn iste ar y soffa ac yn darllen, a'r sbrog lleia, probably chwech, saith oed falle, iste fel yn ei lap ddi. Even let him wiggle about without being belted for it. I'd love that.

Bydd popeth yn iawn. Fe ddaw hi'n well. Y fenyw 'na. Dyna wedodd e, dyna wedon nhw, yndyfe? Mam? Plis? Gwedwch byddan nhw'n ocê.

Fi'n gwbod, fi'n gwbod. Arna i mae'r bai am hyn i gyd. Ond os bydde un ohonoch chi wedi gwrando arna i, gynne, wythnos ddiwetha, fis diwetha, llynedd – fel nhw rownd y ford – cyn i bopeth fynd yn rhy bell, yna fydden i ddim fan hyn nawr, na fydden i? NA FYDDEN I! Sori, Mam, dim gweiddi arnoch chi ydw i, ond gweiddi ar hyn, fan hyn, yn aros i'r sŵn 'na, y bobol 'ma, yr heddlu 'na a'u holl gwestiynau fynd o 'ma. Bydd hi'n iawn. Mam? Wrth gwrs fydd hi. Gewch chi weld. A'r sbrogs bach 'na... Ma nhw'n gallu neud gwyrthiau. *Ma* nhw. Ma nhw yn, chi'n gweld e ar Facebook rownd abowt. Skin grafts a phethe fel'na. Back from the dead even...

Y bowlen ffrwythe 'na, yng nghanol y ford, made it look like a home, that did. Fel cartre go iawn. Fel rhywle bydde wastad llonydd i chi iste fan'na a byta'r orenj heb i neb bwnsio ti yn y gob am fod yn bastard bastard BASTARD! Pilo fe a mynsio fe nes bod y jiws yn rhedeg lawr tsiops ti a llosgi'r corneli lle ma'r cwte. She'd give me a napkin, I reckon, y fenyw 'na! I sychu fe off. I stopo'r llosgi.

Y piano. Ie, y piano drud yn y gornel. Sai'n credu bod neb wedi chwarae fe... jyst pointless decoration i ddala poteri'r fenyw gyda'r llyfr darllen a'r sbrog bach 'na gyda gwallt yn sheino. I could have been Elton John, 'sen i wedi ca'l y chance. But you never gave me that. Bydden i'n hapus i chwarae 'Chopsticks' even. Ond ma bysedd fi wedi bennu, ydyn nhw, ar ôl i fe golli ddi a plygu nhw nes bod hwnna wedi torri. Drych arno fe, wonky and broken. Jyst fel fi. Ddim hyd yn oed yn gallu chware 'Jaws'. Dy DyDyDy Dy Dy…

Skin graft. Gallith hi hyd yn oed ga'l tatŵ falle i gwato'r scars ar ei breichie ddi… Ges i, yndofe? Skull and bones, i gwato'r rhain. Ocê, wy'n gwbod mai fi na'th rheina i'n hunan, ond ma fe'r un peth… Ocê, na, so fe'r un peth.

Dim ond chwarae o'n i. Chwarae gyda tân, cynnu bach, bach, i ddechrau a chwythu'r mwg fel cydwybod drosta i. Llosgi. Anadlu'r mwg. Cymylau du yn dofi'r dolur 'ma sydd mewn fan hyn. Chwythu bach. Denu fe ata i i'n llosgi i. Jyst ar flaen fy mysedd i. Twyllo a denu. Fflame mân, fflame mowr. Fel Spiderman jyst gyda fflame. Poeri mellten o dân mas o dan fy mawd i. Poeri'r sbarcs, rhai glas drwy fy mys pigo trwyn i a clewten fowr fel trydan, mellten lectric o gwpan fy llaw i. Blydi modern day hero, Mam. Jyst fel 'na. Fel 'na. Cy-paw! CY-Paw! CY-PAW! Llosgi'r blydi lot. Ha! Haaaa!

Do'n i ddim yn meddwl bod unrhyw un adre. Ma nhw wastad ar eu holideis. Pam nad o'n nhw yn Disneyland neu yn Fenis 'to!?

Plis, Mam? Gadwch i fi ddod mas. Gadwch i fi ddod. Gwedwch wrthyn nhw, Mam. Gwedwch wrthyn nhw bod dim matshys i ga'l 'da fi.

Mam? Gwedwch wrthyn nhw, bod dim... dim matshys i ga'l gyda fi.

9. DOT

Soooo, CHI'N MYND I rywle neis ar eich holideis?

Fel'na fydda i'n dechre fel arfer. Ma fe'n rili rhoi pobol at ease. Spain? Majorca? Greece? Spain yn neis. Jyst bod y bobol yn sychedd ar ôl Brecshit, ife? Chi'n gallu gweud lot wrth neud ewinedd rhywun. Onest nawr. Falle bo' chi'n meddwl bo' fi'n dwp ond, wel, ma pobol yn siarad ond dim pawb sydd yn fodlon gwrando, ife? Ma un o clients fi yn berchen carafán yn Tenby. Ges i gynnig hi p'ddyrnod am y nesa peth i ddim. Mynd 'nes i i gael brêc. Change, gyda'r plant, ife. Plant yn joio lan y môr a bach o chips. Sausage in batter. Cheesy chips i fi a can o Shandy. Nuggets i'r plant a bach o Vimto. Fruit Shoot on a good day… er ma fe'n hala nhw'n totali boncyrs. Gormod o Es, siŵr o fod.

Ma Glenda, sydd yn gweithio yn y rŵm arall, ma hi wedi mynd 'na wythnos 'ma. Brêc off y gŵr. Dim plant, jolch byth, ond wel, o'dd hi'n rili loved up, priodas hiwj a chwbwl, live band a fairground, Waltzers hyd yn oed. I mean come on. Ma raid i ti fyw ar ôl y diwrnod gwd gyrl, wedes i wrth fy hunan! Pythefnos wedyn yn Bali. Mowredd, all for show, wedes i. All for show. Pedwar diwrnod yn Prague ges i, dim y lle mwyaf romantic – elon ni i weld y concentration camp, yndofe. Wel o'dd raid, ma Marc, y gŵr, yn very cultural. Ac out of the blue ma Roger, ei gŵr hi, yn dod gartre mis dwetha a gweud wrthi bod e ddim moyn bod yn Roger rhagor, bod e moyn bod yn Myfanwy. C'mon, wedes i, rili? Alle fe o leia ffindo enw tebyg i Roger. Fel… wff, sai'n gwbod… Rrrrr… paaaa… Rhiannon neu rywbeth. Sad cow, doedd dim blydi cliw gyda ddi, tyl. Ni ddim rili yn ffrindie, jyst colleagues, ife.

Ta beth, o'n i'n neud Shellac i'r ferch hyn fi'n nabod, lovely girl, croen gwael. Eating disorder beyond, a ie, chi'n hollol iawn, gwinedd hi'n crumbs. Cuticles yn shambles. Druan fach. Ond o'dd hi'n mynd abroad i weithio dros yr haf. Working holiday. Wedes i wrthi ddigon, 'Dyw Dubai ddim yn suitable i ferched fel ni.' Wir i chi, ma nhw'n bihedo pobol mas fan'na a hala chi wisgo thing 'ma dros eich wyneb i gyd. Rili?! Wedes i, what sort of holiday yw hwnna i rywun? Fydd hi'n dod 'nôl yn fwy gwyn nag a'th hi mas! Real wast amser. Alla i orwedd nes bo' fi'n biws. Dyw e ddim yn iach i neud, medden nhw, ond wel, os gwylie, gwylie!

Ma mam y ferch Shellac yn dod 'ma 'fyd. Bikini line, leg wax, underarm, top lip, pethe fel'na. A fair play weda i, menyw oedran 'na, dal yn cadw bwsh a bits in trim. Fair blydi play. Mae'n singl wrth gwrs, ond chwarae teg, chi byth yn gwbod.

Ma lôds yn dod mewn 'ma ar ôl gwaith, treat amser pen-blwydd, teip 'na o beth. Masâj. Pedicures. Manicures. Facial. Mini minx. Ma mwy o driniaethe i ga'l wrth gwrs, ond rheina yw'r faves.

Roedd un mewn 'ma p'ddyrnod, o'dd hi wedi colli llwyth o bwyse, llwyth a llwyth. Yoyo dieter yw hi wrth gwrs, bydd hi back up erbyn wythnos nesa. Ond so chi fod gweud 'na wrthyn nhw, jyst canmol a gofyn y manylion.

'Weight Watchers neu Slimming World?'

A chi'n gwbod beth wedodd hi? Wedodd hi bod hi wedi mynd yn figan!! Good grief, wedes i! Sdim rhyfedd bod hi wedi colli gyment. Sdim bron dim ar ôl i'w fwyta, oes e, os dynnwch chi bopeth mas? Beth? Wel, dim ond letys a bach o lentils, os chi'n lico pethe fel'na. Wedodd hi bod hi wedi bod yn India ar Yoga Retreat a bod hi wedi cwrdd â'r boi 'ma sydd wedi dysgu ddi shwt ma byw ar 'raw food'. Amazing, 'na i gyd alla i weud. Am-a-zing. Alle hi werthu'r cooker. Lovely cooker hefyd. Aga type. Ddim yn tsiep! Oedd ei chroen hi'n osym ac roedd ei hewinedd hi'n ffabiwlys. Alkaline diet ac alkaline water hefyd. Rhyw Kangen machine gyda hi hefyd glei. Ffiltro'r shit mas o'r dŵr. Never, wedes i! Sioc fan'na! Biti peswch! Hwff! (Mental note to self – ordro mwy o nail varnish remover.) Anodd credu bod gyment o gemicals yn y dŵr. Dŵr yw dŵr i fi. Ond wedodd hi bod rhyw chlorine a fluoride a lôds o bethe yndo fe, sydd dim gwerth o gwbwl i'r human body.

BPAs wedyn, wedodd hi. Gollodd hi fi fan'na. Too much, too soon, ife. (Goffes i gwglo fe wedyn i wbod bod hi ddim yn gweud celwydd. Gymaint *yn* y dyddie 'ma, yn does e? Gweud mai diet yw e, ond gastric band neu lipo yw e rili.) Wir, o'n i'n eitha tempted fy hunan. Yn enwedig o weld y result. Glowo, wir i chi, fel 'se hi wedi cael chemical peel neu Botox neu rywbeth. Wel, if she can do it, ife… Jyst wedodd hi bod hi ddim yn yfed gwin rhagor chwaith. Mowredd Dad! So wedes i bod hwnna'n bit too much commitment i fi, ife! Gyda'r plant. Wel, ma raid i chi gadw fynd ryw ffordd, o's e? Bach o vino tinto por favor ife, Miguel. Merlot yw'r fave, ond wel, hyfa i unrhyw beth a bod e'n wlyb.

Ta beth. Ma fe Marc, y gŵr, off yn gweithio ar y pipeline. Gang o fois ffordd hyn yn mynd ac o'dd e all up for ca'l un bach arall, ond wedes i, ar ôl i fi dalu'n breifet i neud veins coese fi, bo' fi ddim rili'n fussed. Ta beth, ma pethe'n digwydd, yn dy'n nhw, yn enwedig pan chi ddim yn trial. O'n i fan'na yn tŷ bach. Peidiwch gweud wrth neb nawr, sai'n un i fragan cyn bod tri mis fi lan, rhag ofan ife. A ie, dwy linell fach binc. Mor rhwydd â 'na. Wonderful gift, yn dy'n nhw, plant? Lot yn dod mewn 'ma sy'n ffili ca'l. IVF, ectopics, endometriosis. Allen i fod yn midwife, alla i weud wrthoch chi. Neu gynea-doctor. Ges i GCSEs fi i gyd. Wel, bron bod, jyst ddim yn Biol na Sciences. Na Maths chwaith, come to think of it. Ond I suppose bod e'n ddigon tebyg i *One Born Every Minute*, a wy wedi watsio'r rheini i gyd.

Ma rhai'n gweud y cwbwl. Gormod rili. Ond dwi'n

deall lot am down below erbyn hyn. Sad wedyn, yn dyw e? Chi'n gweld, ni'n rhoi counselling a makeover. Full Service i rai. 'Ma bob wythnos, ambell un. Sai'n meindo, cofiwch. Talu bils, yn dyw e?

Ond ie. Sad wedyn, yn dyw e? Iechyd yw popeth rili. Collwch chi hwnnw a sdim… Wel, fel'na mae, ife. That's life, fel ma nhw'n gweud. Ma news 'da finne 'fyd. Sad news rili. Ffili credu bod e'n digwydd 'to. O'n i'n ame fod pethe ddim yn reit ers sbel. Fy nghorff i… Wel, ma fe wedi 'ngadael i lawr, yn dyw e? Ond, rhoi pethe off, gymaint i'w wneud gyda phlant a gwaith, yn does e? Sdim byth amser i fi. Meddwl fydden i'n all clear ar ôl… wel… Sai'n credu fydda i'n mynd yr whole hog tro 'ma. Baby number three. Cwlwm bach o 'cells' yw e, 'na i gyd… achos ma nhw'n gweud yn yr hosbital bod ise i fi ga'l triniaeth 'to, a gan bod hwn yn ddim byd ond dot, wel so fe hyd yn oed yn fabi 'to, yw e? Ma tyfu babis i rai yn tyfu pethe eraill hefyd. A ie, fi wedi clywed am fenywod fel fi, ma nhw'n mynnu cadw'r babi, chwech neu saith mis falle, a wedyn yn dechre'r driniaeth. Gallwch chi eni'n gynnar ac ma 'na bethe i gael i gadw'r babi yn fyw, special care. SCBU. Swno fel rhywbeth off rhyw gartŵn, yn dyw e? Jyst bod hyn ddim yn ddoniol. Doniol? Ma fe'n neud fi'n sic jyst meddwl am ddechre 'to, biti danto ar ôl tro diwetha. Meddwl bo' fi wedi... chi'n gwbod... ei goncro fe. Ca'l fy hunan 'nôl ar fy nhraed. Plant yn ocê a mynd 'nôl i'r gwaith a... Ond dyw cadw fe ddim yn opsiwn i fi. Na, dim i fi. O god! Wy'n bradu fe, cyn dechre. Rhacso fe mas o fan hyn, datod pob cwlwm, a wy'n imajino fe. Wel, fe neu hi yn cydio'n sownd, bysedd bach e, yn cydio'n dynn ynddo i, clymu'i hunan fel bod e ddim moyn dod mas 'to a... Ha, na, ma rhaid i fi beido meddwl fel'na. Stopa hi nawr, sdim point, oes e? Ond, fel'na wy'n teimlo. Wy'n teimlo fel bo' fi'n bradu nhw i gyd, mewn ffordd. Gadael nhw lawr. Marc a'r plant. Achos falle fydda i ddim digon cryf i neud e 'to. A falle fydda i ddim 'ma pan fyddan nhw 'yn ise i. Mam odw i, chwel. A ma mamis i fod 'na, yn dy'n nhw? Pan ma ise ni. A wy'n gwbod beth ma rownd arall o cemo yn mynd i neud i fi.

Dot yw e. Dim byd ond dot. Cwlwm bach o gelloedd. A clyme yw'r canser 'fyd, drwy 'nghorff i i gyd, glei. Wedodd y doctor bydde rhaid stopo nhw rhag tyfu'n fwy. A Dot hefyd.

Bydda i'n siŵr o golli 'ngwallt, medden nhw. Bydd fy ewinedd i'n torri a… Bydd Marc, y gŵr, yn deall wrth gwrs. Ma Marc, y gŵr, wastad wedi deall.

10. SUDD

I WNEUD SUDD GWERTH SIARAD amdano mae'n rhaid cael lemwnsyn. Dim ond hanner sydd ei angen mewn gwirionedd, ond rhaid i chi ei dorri yn ei hanner ac yna yn ei gwarter, cyn ei wthio i mewn i'r peiriant gwneud sudd. Bydda i fel arfer yn dechrau'r dydd â pheint o sudd llysiau. Ond er adio peth sinsir a sbinaitsh, mae'n rhaid i mi gael lemwnsyn hefyd. Mae'n torri ar y tawch. Do'n i ddim wedi fy ngwneud i fwyta fel cwningen, ond dyna fe, pan fyddwch chi dim ond yn bum troedfedd a hanner modfedd ac yn hanner cant, mae'n rhaid i chi fwyta llai. Roeddwn i'n arfer bod yn drymach. A na, does gen i ddim plant.

Ar y diwrnod ces i wybod, fe fwytais i nhw i gyd. Y bisgedi yn y cwpwrdd bwyd, y creision ar ben y cwpwrdd bwyd, y siocled ar bwys y cwpwrdd bwyd. Y bwyd. Roeddwn i'n llawn. Ac eto, wrth imi gnoi fy ngwinedd i lawr i'r bôn, roeddwn i'n gwybod nad oedd neb ar fai, ond fi.

Twriais yn fy mag. Ces afael mewn cornel o gwdyn Haribos. Mae'n gas gen i Haribos. Esgus o beth ffein. Rhy slic i'w galw nhw'n fwyd nac yn flasus. Byddai'n well gyda fi Fars bar. King size. Fun size. Family size.

Mae'r lemwnsyn wedi torri'r tawch. Iach yw lemwnsyn. Yfais ddracht arall. Crychais fy nhrwyn. Gallwch wthio'r garotsen i mewn yn gyfan i'r peiriant sydd gyda fi. Un da. Ond bod angen ei olchi'n weddol sgaprwth i osgoi i bethau ludo fel fflwcs blawd llif ymhob twll a chrac. Hen beth diflas yw golchi pethau brwnt. Fel golchi dillad brwnt yn gyhoeddus. Mae'n sarhaus, i fi.

Fe wedodd e'n gyntaf nad fe fuodd wrthi. Dyna ddwedodd e. Fy ngŵr annwyl. Roeddwn i'n yfed bryd hynny. Fe ddwedodd e fod bai arna i am feddwl fel hynny amdano. Fy ngŵr annwyl. Ddylwn i fod yn gwybod yn well. Ddylwn i, fy ngŵr annwyl?

Crymen o beth ar waelod fy nghwpan, fel hen ewyn môr brwnt. Fe gnoais fy ngwefus a thynnu pedwar bys drwy fy ngwallt. Rownd y bac i ddechrau, wedyn yr ochrau ac yna'r top. Tynnu tonnau bach, bach ar ei draws. Codi ambell don i'w wneud yn fyw a gostwng ambell don arall.

Cheith e ddim fy ngweld i'n torri. Ddim fan hyn. Os yfwch chi ddigon o sudd, yn lle bwyd, maen nhw'n dweud y gallwch chi golli saith pwys mewn saith diwrnod. Ac felly dyna fydda i'n ei wneud. 'Cleansing of the soul to reach enlightenment.' Dyna ddwedodd y llyfr, ta beth. Rwy'n eithaf hoffi sut y bydd awdur llyfrau iach yn dyfynnu pobol go iawn. Rhai o gig a gwaed. Rhai y gallwch chi weld bod yfed sudd wedi eu gwella'n llwyr. Migraines. Diabetes, canser. Popeth. Y peth mwyaf handi am yfed yw nad oes angen cnoi.

Roedd rhywbeth amdani'n debyg. Yn debyg iddo fe, wy'n feddwl. Falle mai ei hosgo oedd e. Falle mai ei thrwyn. Wnes i ddim dweud dim byd, dim ond eistedd gyferbyn â hi a thynnu fy mysedd drwy fy ngwallt. Tynnu tonnau, yndyfe. Y diawl ag e.

Ma turmeric yn dda i chi hefyd, medden nhw yn y llyfr. Mae'n gallu gadael staen, felly gofalwch eich bod chi'n gwisgo Marigolds. Ma digon o fenyg eraill i olchi llestri, cofiwch, ond, digwydd bod, Marigolds sydd gyda fi yn tŷ. Bulk buy Lidl, fi'n credu. Arbedais i bunt. Y broblem gyda turmeric yw ei fod yn felyn. A'r dyddiau 'ma, allwch chi ddim gadael dim byd melyn ar eich dillad na'ch dwylo cyn i rywun feddwl mai fake tan yw e. Byddwch yn ofalus, dyna i gyd. Gall turmeric, er mae'n anodd credu, weithio'n well nag unrhyw antidepressant. Arogli bach fel piso cath. Ond os yw e'n llesol, mae'n werth ei roi i mewn i'r peiriant sudd rhwng yr afal a'r cêl.

Ma menywod yn gallu maddau, medden nhw wrtha i. Maddau'r cwbwl a chadw i fynd fel 'se dim wedi digwydd. Troi llygad ddall, er mwyn cadw'r cyfrinachau. Er mwyn peidio colli wyneb yn y cylch 'ma. Fuoch chi'n destun siarad erioed?

Rwy wedi dod i'r casgliad nad yw'n hawdd nac yn ddoeth i wasgu sudd o afocado. Gwrandwch nawr. Gwrandwch arna i. Ma rhai brasterau'n dda ac ma'r mwyafrif yn wael. Caws. Menyn. Llaeth. Full fat fydda i'n ei fwynhau ond dyw hi ddim yn bosib ei fwynhau rhagor. Ond ma afocado'n dda ac yn llesol ac yn iach. I'r enaid. Fydda i ddim yn bwyta bwyd wedi ei brosesu rhagor.

Torri drwy'r galon. Un hollt. Ei rhannu'n ddwy. Yn

dair. Yn bedair. Ceibo'r hadau mân, mân fel na ddaw'r un goeden nac afal bach arall. Yn ddiffrwyth. Dyna'r gair am rywbeth sydd heb ffrwyth. Sydd heb etifedd. Fel fi. Sydd hefyd yn anffodus os fyddwch chi ddim yn or-hoff o lysiau, yntyfe. Yn eich sudd.

Rwy'n eistedd yn fy nghadair yn edrych mas dros y cwm. Y caeau noeth o borfa ac ambell ddafad. Bro fy mebyd. Y cloddiau, y caeau, y cyfan i gyd. Yr afon yn y pellter. Hithau gyferbyn, mor lletchwith. Yn ifanc ac yn lletchwith. Rhyw wên ffals ar ei hwyneb. Gwên a llygaid barus. Bydd rhaid ei rannu nawr, yn bydd, gan fod hon fan hyn yn mynnu ei bod yn ferch i'r annwyl ŵr, yn mynnu ei siâr.

Fe allwch fwyta wheatgrass yn ôl y llyfr. Fe archebais becyn o hadau i'w tyfu ar sil y ffenest. Rhoi tamaid o ddŵr bob nawr ac yn y man ac fe dyfan nhw ar ddarn o kitchen towel, ond iddo fe fod heb ei drin â bleach. Maen nhw'n rhoi bleach a chemegion ym mhob dim y dyddiau 'ma. Pesticides. Ches i ddim plentyn. Ches i ddim plant. Ffili, ac mae hynny'n gwneud pethau'n waeth wrth gwrs, yn dyw e? A finnau'n hanner cant.

Rwy'n syllu ar y wal. Fy nghartref bach i. Yn Laura

Ashley, yn Thomas Lloyd, yn Leekes cyn y sêl. Pethau fel hyn sy'n rhoi pleser i rywun. Wel, gan na ddaw dim arall, heb blentyn fy hun, i lanw'r blynyddoedd, rhaid buddsoddi mewn pethau eraill, welwch chi. Pethau materol. Bydd rhai'n sôn am yr wyrion. Ond na, nid fi. Aneurin. Llun gan Aneurin. Hwnna fan'na. Fe ddywede ambell un fod y llun gan Aneurin sydd ar y wal ochr uchaf i'r tân yn dda. Llun ceffyl. Pensil sgetsh. Coch a gwyn. Gwreiddiol wrth gwrs. Gostodd e dipyn. Ond dyw'r goes ôl, honna yn fan'na, ddim yn iawn, rywsut. I fi. Pwy ydw i i farnu Aneurin, meddech chi? Ma pawb yn adnabod llun Aneurin. Fuodd e ddim yn athro celf arna i, cofiwch, yn fy nydd, ond wy'n gallu tynnu llun. Ma pen y ceffyl yn iawn. Popeth, ond am un goes. Ma'r dair coes fan hyn yn iawn. Bron yn berffaith, weden i. Ond am yr un goes.

Fe ddwedodd hi wrtha i, cyn iddo fe gyrraedd, pwy oedd ei mam. Dwi ddim yn ei hadnabod. Wel, pam fydden i? Wy ddim yn un i gymysgu gyda'i sort. Fe ddwedodd hi hefyd wrtha i pwy oedd ei thad. Dwi *yn* adnabod hwnnw. Gwaetha'r modd. Mae'n ferch bert. Hon fan hyn yn eistedd yn lartsh ar fy soffa

Thomas Lloyd. Yn cerdded heb dynnu ei hesgidiau ar fy ngharpedi gwyn. Rỳg o Hafren, rwy'n meddwl. Dyna lle ges i honna. Yn mynnu gair. Yn mynnu gair gyda'i 'thad', goeliwch chi! Rwy'n edrych ar yr un goes. Tan iddo fe ddod adre o'i waith. Tan i'r Volvo gyrraedd y dreif. Ma hithau'n eistedd yn yfed sudd gwyrdd. Sinsir, hanner afal, taten felys. Curly kale. Dim lemwnsyn.

Fe wadodd e'r cwbwl. Tyngu. Tyngu llw na fuodd yn agos. Un fel'na fuodd e erioed. Fy annwyl ŵr. Un da am dyngu llw ac addo'r byd. Pam, medde fe? Pam fyddai e'n edrych ar fenyw arall a finnau fan hyn yn bopeth iddo fe? Ond dwi'n gwbod wrth gwrs. Dwi'n gwbod ers blynyddoedd. Aeth hithau am adre yn y diwedd, ar ôl mynnu prawf DNA. Er mwyn hawlio ei haeddiant. Fe newidiodd yntau ei liw bryd hynny hefyd, cyn rhegi'r cymylau a'i galw'n 'ast' ac yn 'hwren' ac yn ' gelwyddog'. Fel ei mam. Ond fe alwodd hi fe'n... Dad. Ac ma hynny'n newid pob dim. I fi.

★

Mae'n rhaid ei wasgu. Dyna sut fydd y sudd yn cael ei wahanu o'r pwlp. Gwasgwch y switsh am i lawr ac yna bwydwch eich hoff lysiau iachus i lawr y bibell i'r crombil. Sudd fan hyn. Pwlp fan 'co. Os taw dyna beth yw *pulp* yn Gymraeg. Fel curo rhywun i bwlp – ai dyna'r dywediad? Cyfieithiad o'r Saesneg yw e wrth gwrs. 'Beaten to a pulp.'

A dyna lle'r o'n i'n edrych ar goes ôl ceffyl Aneurin ac yn yfed o'r gwydryn gwin, fel petai'n win. Ond doedd e ddim wrth gwrs. Dim ond sudd. Ac yntau'n dala ei ben bach gwag yn ei ddwylo diffrwyth. Unwaith eto. Yn gwadu'r cwbwl lot, fel y tro diwetha, a'r tro cyn hynny, a'r tro cyn hynny wedyn. Rownd a rownd a rownd. Hen gelwydd. Yr un hen gelwydd sy'n clwyfo i'r byw bob tro.

Cabej. Dyna fydd dyn sydd wedi ei blamo i siâp. Cabej. Bresych yw hwnnw'n Gymraeg. Coch neu wyn. Jyst fel gwin, sydd hefyd yn llesol i'r enaid.

11. CYSGA DI, FY MHLENTYN TLWS

CYSGA DI, FY MHLENTYN tlws. Cysga di, fy mhlentyn tlws. Plis cysga, tan y bore. Llefenllefen. Llefen llefenllef-enllefen, llef-ennnnnn… Llefenllefen. Llefen llefenllef-enllefen llef-ennnnnn… Pwy fydde'n meddwl? Fi. Fi. Dyw pethe ddim fod fel hyn. Dim yn ôl y llyfre.

O'n i'n iawn cyn dod o'r lle 'na… y twll 'na lle ma pawb yn chwyrnu… menywod yn chwyrnu ac yn conan. Pwythe. Pwythe'n tynnu. Fe wasges inne'r bwtwm mewn 'na unwaith, yr un gyda llun y nyrs denau 'na arno fe. Fydden i ddim wedi ffwdanu oni bai bod eisiau'i help hi arna i, a chi'n gwbod beth wedodd hi? Fe wedodd hi,

'Well, nobody said it was going to be easy.'

Dim dyna o'n i'n feddwl. Do'n i ddim yn gofyn am ei barn hi, o'n i'n gofyn am ei help hi. Ac roedd hi'n fisi. Rhy fisi.

Fe losges i'r swper. Fe losges i'n llaw wrth dynnu'r sosejis mas o'r blydi ffwrn. A nawr ma *hi'n* llefen... 'to. Stop. Stop. STOPA HI. SSSHHH! Cer 'nôl i gysgu. Ssht! Sssht! SSHT! Cer 'nôl i gysgu. Y diffyg cwsg yw e. Ie, hwnna yw e. Falle 'sen i'n cael awr fach. Neu ddwy. I dorri'r diwrnod, er mwyn i fi gael teimlo'n ocê 'to. Ond na, dyw fy mabi i ddim yn cysgu. Mae'n teimlo fel ei bod hi'n llefen drwy'r dydd. Dyw hi ddim, wrth gwrs ond... wel, ma nhw'n gweud bo' fi'n blue – blue mother and a yellow baby. Wy ddim yn lico lliwie. Wy'n lico du. Popeth yn ddu neu'n wyn. Popeth. Chi'n gwbod fel ma fe'n teimlo, fel bod lwmpyn mawr o ddagre mewn fan hyn yn eich gwddf chi, yn garreg jyst mewn fan'na a does dim modd i chi gael ei wared e, er i chi lefen. Wy ffili hyd yn oed fynd i'r bath heb bod hon yn gweiddi arna i. Gweiddi am laeth. Am gewyn glân, am gysur. Ma'r cloc 'ma mewn fan hyn ac wy'n rhedeg, rhedeg mas o amser.

Sori, ddylen i ddim teimlo fel hyn. Ma digon o

fenwod yn ffili ca'l, ac fe ddylen i fod yn ddiolchgar. Ond wy'n… wy'n ei chael hi'n anodd. Ie, dyna fe. Wy wedi cyfadde fy ngwendide. Wy'n fam wael. Wy'n ffili neud e. Wy jyst moyn mynd 'nôl i normal. I allu mynd 'nôl fel ag yr o'n i. In control. Stopiwch edrych arna i. Stopiwch edrych! Chi'n neud e, chi yn… Chi'n fy meirniadu i hefyd. Wy'n gwbod eich bod chi… ond chewch chi ddim. Hebddi hi, fentre neb fy meirniadu i. Hebddi hi, o'dd gyda fi ffrindie, o'dd gyda fi fywyd. O'dd gyda fi ŵr. O'dd, o'dd gyda FI ŴR. HI! Hi fach farus.

Llefen. Llefen. Ddydd a nos. Llefen… llefen, llefen, llefen. Ssht stop… stop… STOPA HI! Cer 'nôl i gysgu. Ssht! Sssht SSHT! Cer 'nôl i gysgu. Fe blyga i dros y crud. Fe wna i. Fe osoda i'r glustog hon fan hyn, reit dros ei cheg fach hi. Yna wy'n gallu meddwl heb orfod clywed. Shsshhh… stop, beth ydw i'n neud? Na, na, wy'n colli arna i fy hunan. Dim ond ei feddwl e wnes i. Dim ond meddwl fydde hynna'n… iawn. Ond dyw e ddim yn iawn. Wy'n sori. Wy'n sori. Wy'n mynd mas i'r bac am eiliad. Ei gadael hi yno. Y cythrel bach. Cythrel wyt ti! Wy'n callio cyn mentro… yn ôl ati…

Wy'n difaru. Wy ddim yn ffit. Wy ddim yn ffit. Wy'n gwbod bo' fi ddim...

Ie, tri o'r gloch. O reit, o't ti'n cysgu, wrth gwrs bod ti. Pump wedyn. Ie, dim ond fi ar ben fy hunan a chwsg bron â'm llabyddio i. Ond paid ti â becso. Fe roia i'r lamp mlân, neu godi er mwyn i ti allu mynd yn ôl i gysgu. Beth? Gwaith? Wrth gwrs, ma gyda ti waith bore fory. Alli di ddianc. Wy'n edrych ar yr annibendod. Ma hi'n llefen 'to a finne bron â bod hefyd. Wy'n rhwbio fy llygaid tan bod y paent wedi gwasgu ar hyd y pante o dan fy llygaid. Wy heb ffwdanu ei olchi. Wy'n gweld fy hun yn y drych yn dew ac yn ddi-siâp. Fy nillad tyn wedi newid am ddillad slac. Di-liw. Wy'n gwisgo lot o ddu yn ddiweddar. Mae'n slimming, yn ôl y sôn. Mae'n cwato pob pechod. Wy'n teimlo fel fy mod i wedi pechu.

Ffôn? Ffôn? Nawr? Ond wy ddim moyn siarad â neb. Sai moyn siarad â neb. Gadwch fi i fod plis. Gadwch fi i fod. Wy newydd ei cha'l hi i gysgu ac wrth gwrs, mae'n clywed y ffôn ac yn penderfynu agor ei llygaid. Wy'n ei gweld hi'n troi ei phen yn y crud bach ac wy'n dal fy anadl yn dynn. Plis paid dihuno. Plis paid. Jyst

cer 'nôl i gysgu am hanner awr fach arall. Cer mlân, ca'
nhw… Ca' nhw i Mam. Wy ddim yn teimlo'n famol,
ac ma gas gyda fi weud hynny. Wrth gwrs, wy ddim
yn cyfaddef hynny wrth neb arall. Bydde hynny ddim
yn reit. Ddim yn naturiol. Ma pawb yn gweud pa mor
sbesial yw cael babi. Un iach. Pa mor lwcus ydw i o
fod wedi dod drwyddi heb forceps na Caesarian. Heb
fod mewn labour am bythefnos neu rywbeth stiwpid
fel'na. Ond mae'n fy llorio i. Babi bach yn llwyddo i'm
llorio wrth agor ei cheg am ddeg munud a mynnu fy
mod i'n diflannu. Y fi go iawn.

★

Shhht. Bydd ddistaw, wy'n gweiddi yn fy mhen wrth
eistedd yn y caffi. Wy ddim wedi bod mas ers hynny.
Gormod o ffwdan, gormod o gas. A beth o'n i'n moyn
gweud wrthyn nhw oedd…

Ie? A? Symo ti wedi gweld pâr o dits o'r blân? Ie,
ma ise bwyd arni a ie, wy'n ei bwydo hi. So edrych ffor
draw, ocê. No big deal. Be? Be? Ti'n disgwyl i fi adael
iddi lefen am hanner awr, wyt ti? Hy? Wel, ie, ffain.

Dynna i ddi off fan hyn ife, reit yng nghanol y ford, ife? Hmm? Geith hi starfo tan bod ti wedi bennu dy ginio dydd Sul, ife? Fydden i ddim am i ti fod eisiau bwyd nawr, fydden i? Digon o ra'n ar y babi ta beth.

Ac o'dd hi'n llefen bryd 'ny hefyd, a finne tu fewn. Ffili ei chael hi i setlo o flân y gynulleidfa 'ma a phob diawl yn edrych arna i'n chwysu wrth ei chodi hi'n ôl i'r pram. Hithau'n sgrechen – gwynt neu rywbeth yn ei phoeni ddi. Mae'r lle'n orlawn. Diwrnod gwlyb a phob ffenest yn chwysu yn waeth na fi. Cotiau gwlyb, gwalltiau gwlyb. Pob ford wedi ei gwasgu yn rhy agos at ei gilydd fel bod dim lle i bram a phethau plastig i gadw'r glaw rhag gwlychu. Ma 'nghot i'n cwmpo ac wedyn rwy'n cofio bo' fi heb gau'r blydi bwtyme ar y flows...

... ac yng nghanol hyn i gyd, ma'r hen fenyw 'ma, ma ddi'n codi a finne'n straffaglu i ddal fy hunan at ei gilydd... a chi'n gwbod beth wnaeth hi? Fe roiodd ei llaw dros fy llaw i a gweud wrtha i am eistedd lawr, ac y bydde hi'n edrych ar ôl yr un fach tan i fi fennu fy nhe. Wir i chi, hen fenyw, mewn cot wlân deidi a gwallt fel 'se hi'n cael blow dry bob dydd Gwener er mwyn peidio gorfod ei olchi ei hunan. Er mwyn cael rhywun i siarad â hi. Fe ddatododd hi'r bwcle oddi ar yr un fach a'i chario ddi, rhwbio'i chefen hi a chodi ei gwynt. Fe ges i amser i fyta hefyd. A doedd dim beirniadaeth. Dim ond hen fam yn helpu un newydd. Fe rwbiodd ei chefen hi ac o fewn eiliad roedd yr un fach yn dawel ac yn cysgu. Ie, yn cysgu ar ei hysgwydd hi. Pam na allen i neud 'na? Fe siaradon ni am bethe ac fe ddealles i wedyn nad oedd hi'n byw ymhell oddi wrtha i. Ochr arall y stryd a gweud y gwir. Doedd ganddi neb ar ôl i ofalu amdano. Roedd hi'n casáu amser. Oriau di-ben-draw, a'r llonyddwch yn ei llabyddio. Roedd hi'n siarad, a'i geiriau'n cael cynulleidfa am y tro cyntaf ers dyddie, falle.

★

Mae'n bedwar y bore ac mae'n amser bwydo. Wy'n codi'r un fach ata i a gadael iddi dynnu'r maeth ohona i nes bod fy esgyrn i'n dost a'n llyged i mewn draw. Ma'r byd i gyd yn cysgu ac yn unigedd yr oriau mân wy'n codi. Alla i ddim dianc oddi wrthi... Mae'n tawelu ac wy'n teimlo'r tristwch yn tynnu drwy fy nghorff. Afon o alar yn boddi 'myd difreuddwyd. Wy'n teimlo ei chynhesrwydd ac yn tristáu am fy mod i'n methu bod yn hapus. Yn methu perthyn. Wy'n mynd at y ffenest a gweld y stryd yn olau. Biniau yn barod i'w casglu ac ambell gath yn crwydro'r pafin oer.

Pam wy'n ffwdanu? Ie, chi'n iawn, wy'n gwbod, un diwrnod bydd hi'n byta McDonald's ac yn yfed a mwgi fel 'se dim fory i gael. Rho botel iddi. Fast food. Fast living. Ond am nawr ma hi'n cael y gore, ocê, cael bod fan hyn gyda fi a dim byd mwy i'w wneud ond closio at ein gilydd.

Ma golau'r hen wraig ynghyn. Wy'n ei gweld drwy fy ffenest fy hun, yn ei dychmygu hithau hefyd yn codi ar erchwyn ei gwely a stryffaglu am y tŷ bach. Mae'n codi i garchar ei hunigrwydd a minnau'n codi i 'ngharchar fy hunan. Wy'n llefen. Ma'r un fach yn llefen hefyd o flinder.

O grac y llenni wy'n gweld yr hen wraig. Fy ffrind. Mae'n closio at y cyrtens. Ry'n ni'n gweld ein gilydd. Wy'n sychu fy nagrau. Mae'n codi ei llaw yn dyner drwy'r gwydr, ac mae'n lleddfu'r llefain yn fy mhen.

Ac ma'r nos yn diffodd damaid bach...

12. ALPHA

MAE MATRAS EI GWELY'N gwichian ac rwyf innau ar ddihun. Pam na chaf i orwedd? Dyw'r haul heb godi eto. Codi-llygoden-fach-fach fydda i. Neidio i'm trowser. Baglabowt, ac i mewn iddo. Fy sanau yn barod hefyd. Crys. Ble mae fy nghrys? Rwyf wedi newid. Rwy'n barod. Rwy'n barod ers achau. Brecwast. Rhaid rhoi ei brecwast yn barod. Ar y ford. Mesur â'm llygad. Pryd ddaw hi lawr? Pryd ddaw hi? Tost. Te. Tost te. Tost te… Tost, te, rhaid cofio. Rhaid i'r tost fod yn dwym a'r te fod yn dwym ond ddim rhy dwym. Os bydd e'n rhy dwym yna bydd hi'n llosgi. Os bydd hi'n llosgi, yna byddaf innau hefyd yn llosgi. Llosgi lle nad oes neb yn gallu gweld. Blasu poen lle nad oes neb arall yn blasu dim ond dedwyddwch.

Rwy'n ddiwerth. Rwy'n ddiwerth. Dwi ddim yn haeddu gwell.

★

Pan ddown nhw... pan ddown nhw heno, fe fyddaf i'n dawel pan mae'n siarad. Yna'n gwenu. Mae'n rhaid imi wenu. Gwên deidi wedyn, cofiwch. Rhaid imi gofio honno. Gwên o glust i glust. Gwên drwy fy llygaid. Gwên sy'n dweud rwy'n dy garu di gymaint â dydd ein priodas. Pump o'r gloch. Felly bydd gen i ddwy awr i roi'r tŷ yn ei le ar ôl gwaith. Bydd pawb yn cyrraedd am saith. Glanhau o amgylch y gegin. Gosod y ford yn barod i'n ffrindiau gwadd. Nos Wener yn llawn bwrlwm. Yn llawn bwrlwm. Rwy'n mynd i sôn am ein gwyliau ym Mhrâg. Dangos y lluniau ohonon ni'n dau ar ôl y coffi. Nid cyn y coffi. Gallaf ddangos y lluniau ohonon ni'n cerdded yr hen ardal a sôn am y gwersyll crynhoi. Dangos wedyn y lle dienyddio a'r lle... wel, efallai... wel, sai'n siŵr. Efallai nad yw e'n addas. Well imi ofyn. Na. Dwi ddim fod gofyn. Fe arhosaf fy nhro felly.

★

Mae'n dweud wrtha i am gynnau'r canhwyllau ar y ford gan eu bod nhw bron â chyrraedd. Mae ei phersawr yn cosi fy nhrwyn. Mae'r ford yn edrych yn berffaith. Hi ddywedodd ei bod yn berffaith. Mae'n closio ataf ac yn rhwbio fel cath yn erbyn fy mraich. Cath gynnes. Cath gyfrwys. Mae'r tŷ yn gynnes. Mae'n groesawgar. Aros. Eisteddwn ar ymyl y soffa yn disgwyl cwmni. Fel cath. Fel llygoden.

Y bwyd. Rwy'n sgathru'n ddi-sŵn. Mân-gamu am y gegin. Tato wedi llosgi. Tato. Eu gwaelodion yn gynnes ddu. Yn gleisiau ar waelod sosban. Yn llenwi'r tŷ â'u drewdod. Rwy'n rhewi. Daw hithau i'r gegin ar fy ôl. I rythu a rhegi.

Rwy'n ddiwerth. Rwy'n ddiwerth. Dwi ddim yn haeddu gwell.

★

Cwmni. Mae'r tŷ yn newid. Mae'r sioe ar ddechrau. Cynnes, cynnes groeso. Mae'n cyfarch y cwbwl. John a Mary. Ffion a Huw. Gwilym a Sara. Mae Gwilym yn dderyn. Llawn sŵn... sŵn a dim sylwedd. John, y tynnwr coes. Huw. O, yr hen Huw. Pawb yn hoffi Huw. Pawb yn deall bod Huw yn llwyddiant. Bod Huw yn Alpha. 'Alpha male' go iawn. Nid Beta nac Omega.

Mae e'n 'ho ho ho' ac mae pawb arall yn 'hi hi hi' ac rwyf innau'n cofio esbonio mai fy nhwptra i sy'n gyfrifol am y tato yn y sinc.

Mae fy llaw ar ei llaw. Y ddwy law fel cadwyn ar y ford. Nid o dan y ford. Modrwyon priodas yn gylch. Yn garchar. Rwy'n mwytho fy mys dros gefn ei llaw ac rwy'n tawel, tawel fwytho ei garddwrn. Syllaf ar sglein ein modrwyon. Un i ti ac un i fi. Un i dragwyddoldeb. Mae pawb yn gweld. Mae pawb yn deall fod popeth yn iawn. Mae'r briodas fach yn dal i gadw'r fflam ynghyn a'r sbarc fel modrwy. Er gwaethaf yr amheuon. Gwêr y gannwyll welaf i yn llithro'n gas ar hyd lliain drud y ford. Todda, cyn sychu'n galed. Rwy'n gwybod y daw dolur. Wedyn.

Am un ar ddeg, mae'r cwmni'n ein gadael. Rwy'n ffarwelio, a 'mraich yn llipa gadarn o amgylch ei chanol. Mae hithau'n pryfocio Huw, taro cusan ar foch Ffion. Llongyfarch Sara am fod yn fam dda. John – coflaid i John a chusan boch fawr i Mary sydd wedi yfed gormod a meddwi'n dwll ar broseco gorau Waitrose. Mae'r 'ho ho ho' a'r 'hi hi hi' yn troi wedi hynny yn ddrws clo. Yn ddiffodd golau. Yn ddannod.

Rwy'n ddiwerth. Rwy'n ddiwerth. Dwi ddim yn haeddu gwell.

★

Codi ganol nos fyddaf i. Llithro'n ddi-sŵn ar hyd y llawr noeth. Dwi ddim am iddi glywed. Mae'r dŵr yn oer erbyn hyn ac rwy'n gosod cornel o'r papur tŷ bach i'w grombil. Dŵr brwnt. Dŵr golchi llestri. Baddo'r gwaed.

Llithraf i'm gwâl fy hun. Tynnu'r dwfe dros fy mhen a theimlo ôl ei dyrnau. Cwlwm gwallt. Cleisiau newydd. Cylch y cloc yng ngolau'r lamp fach. Cwmni i un sy'n methu cysgu. Pe bawn i'n gadael... heno... codi fy mhac a mynd. Ei gadael. Rhyddhau fy hun am unwaith o'i chrafangau. Fedrwn i? Llygoden fach yn dianc. Yn Stuart Little mewn car-cer-glou. Llwytho'r bag dros nos. Claddu degawd mewn un cwdyn. Neu fory, cyn iddi ddod o'r gwaith. Diffodd y ffôn. Neu'n well, ei gadael ar ôl a diflannu. Trefnu bywyd newydd hebddi. Rhaid i fi fod yn gyfrwys. Alla i ddim cael fy nal. Dim y tro hwn. Diflannu a dim dod 'nôl. Mynd i rywle. Pasbort. Na.

Mae hwnnw dan glo. Arian. Cael tŷ. Lle ar rent. Ffrind. Ond ein ffrindiau *ni* ydyn nhw. Nid fy ffrindiau i.

Mwythaf fy nolur. Rhwbiaf fy mraich. Teimlaf ôl ei dannedd. Ei hewinedd yn rhaflo'r croen. Sobraf. Pwy fynd wna i? Does unman i fynd. Rwy'n troi yn fy ngwely cul. Gwelaf olau'r stryd drwy fariau'r bleinds. Does iws imi ddechrau meddwl. Twpsyn ydw i. Twpsyn am ddechrau meddwl bod rhyw fan gwyn man draw. Rhaid cau llygaid. Rhaid. Daw'r bore'n ddigon clou. Af innau i'm gwaith i chwerthin ac i guddio rhagddi. Tynnu coes y bois. Cyfaddef fy mod yn lletchwith am gwympo dros y gath, am sgathru fy mraich ar gornel y ford, am gnocio fy nghoes yn erbyn cadair. Y dannedd? Diawch, dim ond chwarae, yndyfe? Pawb yn dwli ar fenyw wyllt, ar fenyw fentrus. Sbort? Wrth gwrs ei bod yn sbort ac ydw, mi ydw i'n lwcus. Yn lwcus ofnadwy o'i chael. Fy Alpha fach fy hun. Dof, dof adre'n ffyddlon unwaith eto. Am fod pethau fel hyn ddim yn digwydd i fois fel ni.

13. BRODYR

MA'R PYSGODYN WEDI MARW. Mae ei lygad e ar ochr ei ben yn sefyll yn llonydd bach. Ges i'r pysgodyn, Mellten – ie, 'na beth yw ei enw ac mae e'n dair oed – yn y ffair dair blynedd yn ôl. Does dim angen ei fwydo fe bob dydd. Ma bob wythnos yn iawn. Achos os fwydwch chi fe bob dydd bydd y dŵr yn mynd yn frwnt a bydd angen newid y ffilters. Dim marw achos bod e'n hen wnaeth Mellten. Na marw achos bod clorin yn y dŵr. Fuodd e ddim farw achos bod y ffilters yn frwnt chwaith. Wy'n gwbod shwt fuodd e farw achos ma'r wrapper fan hyn ar bwys y fowlen.

Calgon – dyna beth sydd ar yr ochr. Calgon mewn ysgrifen fowr las. Wy'n mynd i gadw hwn fel tystiolaeth, chi'n gweld. Wy wedi tynnu llun ar fy ffôn i – deg ohonyn nhw o'r cyfeiriad hyn a deg o'r cyfeiriad arall. Fe droies i fe rownd gyda beiro. Mellten fy ffrind. Fe roies i flaen y beiro i mewn yn y dŵr a'i droi e rownd cyn i fi dynnu rhagor o lunie. O'n i'n mynd i dynnu fe mas, ond o'dd well bo' fi'n casglu'r dystiolaeth yn gyntaf. Bydde fe'n helpu Mam i ddeall, yn bydde fe?

Ma hamster gyda fy 'mrawd'. Tudur yw ei enw fe. Fy 'mrawd', nid yr hamster. Smelly John yw enw'r hamster. Mae e'n newydd. Dolig llynedd gostodd £10 iddo fe o'i arian Dolig. A gan bod Mam fi ffaelu fforddio Xbox iddo fe, fe ga'th e brynu'r hamster gyda'i arian ei hunan. Un fel'na yw Mam. Ma digon o arian gyda ddi i brynu botel o win. Gwin coch, organig, heb swlffwr, ond sdim digon gyda hi i brynu Xbox.

Dim bai Smelly o'dd e rili. Ddyle Tudur fy 'mrawd' fod wedi gofalu ar ei ôl e'n well. Golchi'r caetsh yn amlach. Gwneud yn siŵr bod digon o ddŵr glân gydag e a bwyd. Iechyd a diogelwch, yndyfe?

O'dd Mam yn arfer galw fi'n Bîns, as in full of beans. Ac o'n i. Yn full of beans, cyn iddo fe ddod. Fe a'n llystad i. Mam yn trial peidio galw fi'n ddim byd nawr, jyst niwtral, yn lle bod e Tudur yn teimlo'n lletwith. Symo fe a'i dad yn lico'i gilydd lot. Gormod o fagej. Ma'n llystad yn lico fi achos bod e'n trial impreso Mam. Ond sai'n trysto fe a ma fe'n gwbod 'ny hefyd. Elon ni ar ein holideis cynta ni dros yr haf. Mam yn moyn dangos i'w ex wife bo' nhw'n meddwl busnes. Wedodd Tudur bod hi ddim yn becso, ta beth. Ma hi wedi ffindo rhywun ei hunan nawr ar ryw dating site, a ma fe'n loaded. Yacht a chwbwl. Dim ond Escort sydd gyda llystad fi. Un hen. Sgrambler. Mark 2. Sied. Sdim rili gwerth siarad ambiti fe, oes e? Ma fe'n lico gwisgo treinyrs. Bob man. Sneb yn gwisgo treinyrs, oes e? Yn enwedig gyda jîns. Rhai wedi smwddio lawr y canol, fel trowser offis. 'Se fe'n ffit fydde rhywbeth, ond ma Mam yn gweud bod hi'n lico dyn bach cardigan a slipers. Lwcus. Achos dyna beth ga'th hi.

O'n i mewn yn y pwll yn Groeg ac roedd llystad fi wedi mynd bach yn horni wrth weld Mam mewn bicini. Roedd Tudur a fi'n ffrindie bryd 'ny. Bonded achos bod ei dad e'n embarasing a Mam yn edrych fel slapyr. Wedodd Tudur bod e'n knobhead a bod e probabli'n meddwl bod Mam yn edrych yn hot. O'n ni'n dou'n disgysted bryd 'ny. So Mam yn hot. Dim rhagor. Hen bobol yn ffrisgi. Ych. Vicious. Fe ges i air gyda Mam yn dawel bach amser te i ofyn iddi os o'dd hi'n meddwl bod e'n addas i adael e i gyd mas? O'dd hi ddim yn cytuno. O'dd Mam yn teimlo, ymm, beth wedodd hi, yn liberated. Wedes i wrthi bod hi'n rhy hen i ddangos cleavage bob man. Ateb Mam o'dd chwerthin a bwgwth mynd yn completely topless. Bitsh dwp. Symo Mam yn deall y repercussions fydde i fi. So ddi'n gwbod fel ma dynion dyddie 'ma yn meddwl. Beth os, wedes i wrthi wedyn, beth os bydde hi a llystad yn sblito lan a bod Tudur yn penderfynu dangos lluniau gwylie ni ar y we? Ar ryw cheap porn site? Ie, exactly. So ddi'n deall bygyr ol am risks modern society. Alle fe racso street cred fi dros nos.

Halodd hi drwy'r gwylie wedyn yn profi i fi a Tudur bod hi a fe mewn cariad. O'n i'n eiste fan'na wedi rhedeg mas o data ar ffôn fi a dim wifi yn unman heblaw am dan drwyn y fenyw yn Reception (o'dd, weden i, wedi dechre ffansïo Tudur. Funny woman. Alla i ddim deall pam. Ma Tudur fel milgi ac ma fe wedi llosgi nes bod e'n fybls i gyd). 'Kalimera, good morning, my darling' fydde ddi drwy'r dydd, tan bod hi'n brynhawn, wedyn fydde ddi'n gweud, 'Kalimera, good afternoon, how are you, my darling?' Sai'n gweld dim byd ynddo fe. Nadw. Dim byd o gwbwl. Humourless idiot. Ta beth, amser

swper o'dd llystad fi'n ddwylo i gyd, reit dros ben ôl
Mam, a fi a Tudur yn teimlo fel dou childminder. Get
a room, for Christ's sake. Sipo Coke o'n i a sipo Tango
o'dd Tudur. O'dd Mam yn bladdered a fe, y llystad, fel
ceffyl yn llio'i chlust. Ffiles i fyta'n swper. Dim hyd yn
oed y startyr.

Gelon ni ddigon o ewros i chwarae pŵl gyda dwy
stynyr o Newcastle am yr wythnos gyfan. Ma Tudur yn
sinsir, so allith e ddim mynd i'r haul am rhy hir. Sissy
o'dd fy un i a Molly o'dd un fe. Llystad fynnodd, er
mwyn iddo fe a Mam gael quality time. Fe chwaraeon
ni drwy'r dydd. Happy days, tan iddyn nhw fynd adre
a'n gadael ni ar ôl a dim i'w wneud ond cerdded yr holl
ffordd 'nôl i'r apartment, yn chwys stecs achos bod y
lifft wedi torri ac inflatable flamingo Tudur yn brwsio'n
erbyn fy mraich i wrth fynd rownd y troeon pump llawr.
Dim air con. Cnocon ni ac aros tu fas stafell ni. Aros am
ache. Fy ngheg i'n sych gorcyn a blisters Tudur wedi
ripo wrth gario'r bag snorcls ar ei ysgwydde. Wedodd
ei dad ddigon wrtho am wisgo crys-T. Ro'n ni'n aros
fan'na ar y landing. Aros am hydoedd. Fel rhyw Jehovahs.
Cnocodd Tudur eto a dechre colli ddi tan i ryw German

ddod mas a gweud bod e'n trial cysgu. Ddath hi yn y diwedd. Agorodd hi'r drws yn gigls i gyd. Gweud bod hi yn y shower. Ie, reit, wedodd llyged Tudur wrtha i. Y fath gywilydd. Ac o'n i'n barod i stico lan drosti tan i fi weld boch ei thin hi'n hongian mas o'i siwt! Disgysting.

★

Ni ddim yn ffrindie heddi. Tudur a fi. Sdim byd gyda ni yn gyffredin, a gweud y gwir. Fydden ni ddim hyd yn oed yn siarad oni bai bod ei dad e'n mynnu gadael e ddod draw i tŷ ni ar y penwythnos. Sdim raid, oes e? Sai wedi gweld dad fi ers blynydde. Sai damed gwa'th, odw i? Beth yw'r ffys eniwei? Fi'n falch bod ei fam e wedi priodi heb weud wrtho fe a'i dad. Pobol yn gorfod symud mlân a tyfu lan, yn dy'n nhw? Impyls, ife? Mas yn Vegas. Bownd o bara. Beth oedd e'n meddwl fydde fe? Page boy? Assistant i Elvis? Mam wedi cynnig talu am Indian tecawê iddo fe heno, ei ffefryn, chicken bhoona a sweet peshwari naan er mwyn codi ei galon e. Sofft fel'na yw Mam. Ond ma Tudur yn anniolchgar ac yn destructive, wedodd ei dad. Gwrthododd ei fwyta. Fuodd e'n pwdu wedyn am orie. Pallodd ddod lawr i watsio teli chwaith, er iddo fe ga'l cynnig y rimôt.

Ma Tudur adre nawr ar ôl bod yn chwarae yn y parc ar ben ei hunan. Sdim plant yn mynd i'r parc rhagor. Sdim rhaid, ma Xbox gyda nhw. Ma fe'n byw gyda ni achos bod ei fam go iawn e wedi mynd ar yr yacht gyda Chris, ei gŵr newydd hi. Ma bedrwm bach i ga'l gyda fe yn tŷ ni. Wedodd Mam mai fi fydde'n cael yr un mwya achos bo' fi'n fodlon rhoi fighting chance i llystad fi. A sai'n deall beth yw problem Tudur. Cenfigen efallai. Ma cenfigen yn bwyta sawl un. Cofio unwaith pan enillais i ryw gystadleuaeth ysgrifennu stori yn yr ysgol. Roedd pawb yn gweud rhyw bethe slei fel, 'Wel sdim rhyfedd, ti'n gwbod pwy yw e, yn dwyt ti? O'dd ei hen dad-cu e'n brifardd, cofia.' Cachwrs.

Ma Tudur yn ddig, ma fe'n ddig am mai fi sydd â'r treinyrs newydd, a'r rimôt gan amla, ac o'n i ddim rili wedi meddwl gweud beth wedes i am ei fam e ddim yn moyn e, ond... wel, jôc ife... ac y'ch chi'n ca'l gweud pethe fel'na pan chi'n frodyr, yn dy'ch chi? Doedd llystad fi ddim yn chuffed, ond who cares? Sai'n chuffed bod e'n bownso ar ben gwely Mam chwaith, a bod ei gar e'n gronc a bod ei granpa pants e ar y lein, fel bod pawb ar y seit yn gwbod bod e'n hen a here to stay. So deal with it.

Ma Mellten wedi marw. Mellten oedd yn dair oed ac yn ffrind i fi pan a'th Dad a'n gadael ni.

Mam brynodd e i fi am fod twll yn ei chalon hi, lle roedd Dad yn arfer bod. So bydd hi'n deall pam bod Smelly John wedi diflannu. Ma cath drws nesa'n dod draw nawr ac yn y man. Cath ddu yw hi, sai'n gwbod beth yw ei henw hi. Ma'r gath yn bert ac yn canu grwndi ond i chi adael iddi orwedd ar eich côl a rhwbio top ei phen tan i'w llyged gau a rhoi tamaid o fwyd iddi. Ma'r gath ar fy nghôl i nawr. Mae'n lico hamsters yn fwy na fi.

14. UFFERN

Safwn yma'n stond yn lleithder y bore bach, a'r byd yn ein bagiau. Fi pia fi. Fi pia'r dillad hyn. Fi pia'r bywyd hwn. Fi pia'r gwallt a'r coesau a'r breichiau hyn. Fi pia fi. Poera di dy orchmynion. Ti yn dy got fawr a'th lygaid haearn, ti sy'n cyfarth casineb. Rhaid inni wneud fel y mynnot ti. Dadwisgo. Dadwisgwn, heb lefain, heb sgrechian. Dadwisgaf fel y gweddill. Dodaf fy nillad yn bentyrrau destlus – y got, y dillad isaf, esgidiau. Pentyrrau o'm bodolaeth yn drefnus ddestlus, am y tro olaf.

Hen bethau gwag yw geiriau. Does dim rhamant mewn ofn. Ffarweliwn yn gatrawd o gryndod. Cusanu, cofleidio, cysuro. Rydyn ni'n gwybod gormod. Y gwybod sy'n gwagio'r stumog, yn corddi'r nerfau, yn gwasgu'r gwaed o gylch y galon. Yn gylch o'n bodolaeth. Rydyn ni'n deulu a'n chwerthin olaf sy'n chwerwi – yn fam, yn dad, yn hen ac yn ifanc.

Cydiaf yn dy law, fy ngŵr, fy nghhwbwl, a gwynder

dy gnawd yn noeth o gyfrinachau. Hen wragedd a'u bronnau gwag yn gwasgu'n ddieithr dros eu boliau, heb fedru cuddio dim. Edrychaf arnoch chi er imi wybod na ddylwn i. Gwelaf ddynion hen a'u gwalltiau eira yn hofran yn y gwynt. Bechgyn bach yn byrcs a hithau'n bwrw glaw. Rydyn ni'n noeth. Yn aros yr anochel. Heb ymbil. Heb weiddi. Mae'r byd yn byddar gysgu.

Oer yw dy gusan a blewiach dy farf sy'n cosi'n ofer. Rwy'n methu chwerthin, mae lleidr yn fy llwnc. Teimlaf di'n cydio, a gafael dy ddwylo sy'n parlysu'r presennol. Ond does dim dianc. Does dim dianc. Does dim dianc.

Paid troi dy ben. Paid troi i edrych arnynt. Clo'r byd o'th galon a gad i ni freuddwydio mai hunllef yw hyn. Paid symud. Gad i'r crio mud doddi yn lleithder y pridd, ond paid gadael iddo dy gyffwrdd.

Gwelaf blentyn yn llaw ei dad. Mae'n ddeg, yn sicr. Dau lygad diddeall. Siarada ag e'n dawel. Siarad er mwyn siarad, i darfu ar dawelwch y bwledi yn y dryll. Mae'n codi ei law i'r awyr nawr a'r plentyn sy'n llyncu'n drwm. Llyncu dagrau deall a'r tad a'i gysur olaf sy'n sgubo'r gwallt o'i dalcen gwyn.

Mae mam yn magu'i babi, ei llais yn sibrwd cân ac yntau'n chwerthin. Chwerthin glân ei babi blwydd sy'n duo'r haul.

Mae cynnwrf yn dy lygaid, a'r dagrau'n sych. Rwy'n dal dy law a thithau'n ysgwyd wrth aros yr arswyd. Dy lygaid gwag yn llawn. Cawn fynd mewn munud. Mynd i'r dibyn i orwedd. Pe na chaem wybod hynny byddai'r funud yn fêl. Ond rydyn ni *yn* gwybod. Ugain wrth ugain. I'n diwedd. Cyfri'r rhifau, cyfri'r rhifau un wrth un. Ninnau yn ddim ond rhif. Un wyneb mewn rhes o wynebau.

Fe'ch gwelaf chi. Chi â'ch wynebau lludw a'ch llygaid carreg, sy'n gweld popeth ac yn dweud dim. Awn am i lawr. Ris wrth ris, lawr, lawr. Fi a ti. Ti a fi a'r byd yn berwi'n wallgof... dal fy llaw. Dal hi'n dynn, mewn munud bydd hyn drosodd. Dim ond cau llygaid. Dim ond cysgu. Tan hynny gad imi afael yn dy law. Gad imi dderbyn nad oes lle i ddianc. Mae lle i filoedd yma. Un bedd. Un bolleth o goesau main a breichiau gwag yn plethu'n sownd i'w gilydd.

Rwy'n ei glywed e'n gweiddi, fe'n ei got fawr a dwrn ei chwip yn disgyn ar dalcenni'r llipa a'r lletchwith. Llefa.

Llefaf innau heb ddagrau hefyd. Cyfog sy'n curo'r galon a'r ofn yn afon ynof. Paid gadael imi fynd.

Mae'n dweud wrthym am gerdded. Cerdded i lawr y grisiau pridd i'r gwely gorlawn. Cerddwn dros y coesau a'r esgyrn yn gwasgu'r tawch i'n ffroenau. Un bedd byw. Rwy'n teimlo dy law yn gadarn yn fy llaw er gwaetha'r cryndod. Paid llefain. Yma ar lawr y bedd mae'n hil yn un. Yn rhes o gwynfannu, o ganu isel. Does dim sgrechian na phrotest na ffws. Hwn yw ofn.

Mae yna blentyn wrth fy ochr a'i fam yr ochr draw iddo. Ni fyn hi siarad. Mae yntau'n galw arni. Geiriau gwag i'w chlustiau gwan. Teimlaf gryndod drwy fy nghorff, rhyw oerfel myglyd ym mêr fy esgyrn, yn gafael ynof. Pletha dy fysedd yn fy mysedd. Paid bradychu dy ofn. Mae'r cyrff yn oeri odanaf. Pentyrrau yn drefnus, ddestlus anniben. Pentyrrau o'n bodolaeth yn un gatrawd fud.

O ben i ben daw'r bwledi'n nes. Darnau dur yn ebillio'r penglogau. Y fam-gu, y fam, y babi. Ti sydd nesaf. Ti. Daliaf dy anadl drosot ac aros am yr eiliad… eiliad… eiliadau disymud a'r got fawr ar ben y dibyn yn ail-lwytho'r gwn. Cydia yn fy llaw. Cydia. Gwasga fy mysedd yn dynn. Gad i'r cryndod farw ond dal fy llaw yn dynn.

'Cloben o nofel sy'n rhoi i ni'r alaethus o drist a'r doniol iawn.'
MEINIR PIERCE JONES

ESGYRN

Heiddwen Tomos

'Dod ar eu traws wrth chwarae wnaethon nhw. Esgyrn.'

y Lolfa

£8.99

Holwch am bris argraffu!
www.ylolfa.com